Kama Sutra

à la carte

Kama Sutra

à la carte

Emma Mars

DELTAS

Inhoud

Inleiding

De **Kama Sutra**... iedereen heeft er weleens van gehoord, maar wie kent er echt de inhoud van?

Is het een catalogus van erotische standjes? Ja, maar de Kama Sutra is veel meer dan dat. De originele Indische tekst van Vâtsyâyana uit de zevende eeuw beslaat niet minder dan zeven boeken, waarvan er slechts één daadwerkelijk gewijd is aan de 'verenigingen', dat wil zeggen: de verschillende manieren waarop het lichaam van man en vrouw zich met elkaar kunnen verstrengelen. De andere hoofdstukken zijn gewijd aan de echtelijke relatie, maar gaan toch vooral over kennismaken, verleiden en ze geven duizend-en-een details om een kwaliteitsvolle relatie te bevorderen.

Waarom zijn die bladzijden min of meer in vergetelheid geraakt, maar de standjes niet? Vermoedelijk is de reden dat de man-vrouwrelatie in de huidige westerse wereld totaal anders is dan die in het India van veertien eeuwen geleden...

Het algemene idee dat **elk koppel anders is**, dat elke amoureuze, sensuele en seksuele relatie uniek is, blijft echter nog steeds overeind. De Kama Sutra is trouwens geen geheel van universele regels die iedereen letterlijk moet toepassen, maar een middel voor de lezer om te bepalen van welke soort partnerrelatie hij deel uitmaakt, zodat hij zijn intieme gedrag daarop kan afstemmen. Niet de eentonige, ongezellige menukaart van een kantine dus, maar de bijna eindeloze menukaart van een groots restaurant.

Wat de Kama Sutra niet is
Een buffet van posities om zomaar in te graaien. Het is geen *all you can eat*-buffet waarin je jezelf zomaar kunt storten zonder je af te vragen wat het lekkerst is om mee te beginnen.

Wat de Kama Sutra wel is
Een verzameling ingrediënten om zelf je gerecht, of liever gerechten, samen te stellen voor een menu dat helemaal bij jou past. Net zoals sommige gerechten op de menukaart van een restaurant zijn liefdesposities namelijk niet altijd wat ze lijken. Hoe lekker een foto er ook uitziet, het gerecht lijkt soms weinig op datgene waar je echt naar verlangt. Iets anders is dan weer perfect als afsluiter, maar niet geschikt voor het begin van de 'maaltijd'.

Net zoals je weet wat je voedselbehoeften, -voorkeuren en -intoleranties zijn, moet je die ook voor jezelf bepalen op seksueel gebied. Dat is de enige manier om tot een aangepast en telkens weer aangenaam resultaat te komen; **jouw eigen, persoonlijke Kama Sutra à la carte.**

Als we het hebben over relaties, dan zijn de zaken uiteraard gecompliceerder dan aan tafel. In elke fase kies je als het ware voor twee en niet alleen voor je eigen 'bord'.

Klaar om het avontuur aan te gaan?
Klaar om te genieten?

I. Personaliseer je voorgerecht

1. Ontdek je erogene zones

Onervaren koppels (of mensen die zich nooit veel vragen hebben gesteld over hun seksualiteit) zijn geneigd te denken dat elk lichaam ongeveer hetzelfde werkt in bed, dat je bij een bepaalde streling altijd dezelfde reactie krijgt. Een fatale vergissing!

Ons persoonlijk verleden, de manier waarop ons lichaam voor het eerst in contact kwam met genot, maakt ieder van ons tot een unieke seksuele partner. Onze reacties op verschillende erotische stimuli kunnen door niemand van tevoren verwacht of geraden worden.

In de praktijk: om jezelf beter te leren kennen **teken je een kruisje op je vijf gevoeligste secundaire erogene zones** (dus niet de geslachtsorganen) op de tekeningen hiernaast. Geef elk ervan een cijfer van 1 tot en met 5 ☆ ☆ ☆ ☆ ☆ naargelang het genot dat je ervaart als je partner die bepaalde zone streelt. Kun je deze vraag niet zomaar beantwoorden, vraag je partner dan om de vermelde zones te liefkozen, zodat je ze kunt beoordelen.

Verfijn nu je kennis van je erogene zones door te bepalen op welke manier je ze het liefst gestimuleerd ziet.

Zij Schrijf in onderstaande tabel je drie gevoeligste (niet-genitale) zones. Geef voor elke zone aan welke stimulatie je het liefst hebt (meerdere mogelijkheden).

	Strelen met de vingers/ handen	Likken	Kussen/zuigen	Stimuleren met een vibrator	Strelen met een attribuut (veer enz.)	Bijten	Zachtjes stimuleren	Intensief stimuleren	Kort stimuleren	Lang stimuleren
Zone 1:										
Zone 2:										
Zone 3:										

Zij & hij

Teken een kruisje op je vijf gevoeligste secundaire erogene zones (dus niet de geslachtsorganen). Geef elke zone 1 tot en met 5 ☆☆☆☆☆ naargelang de gevoeligheid.

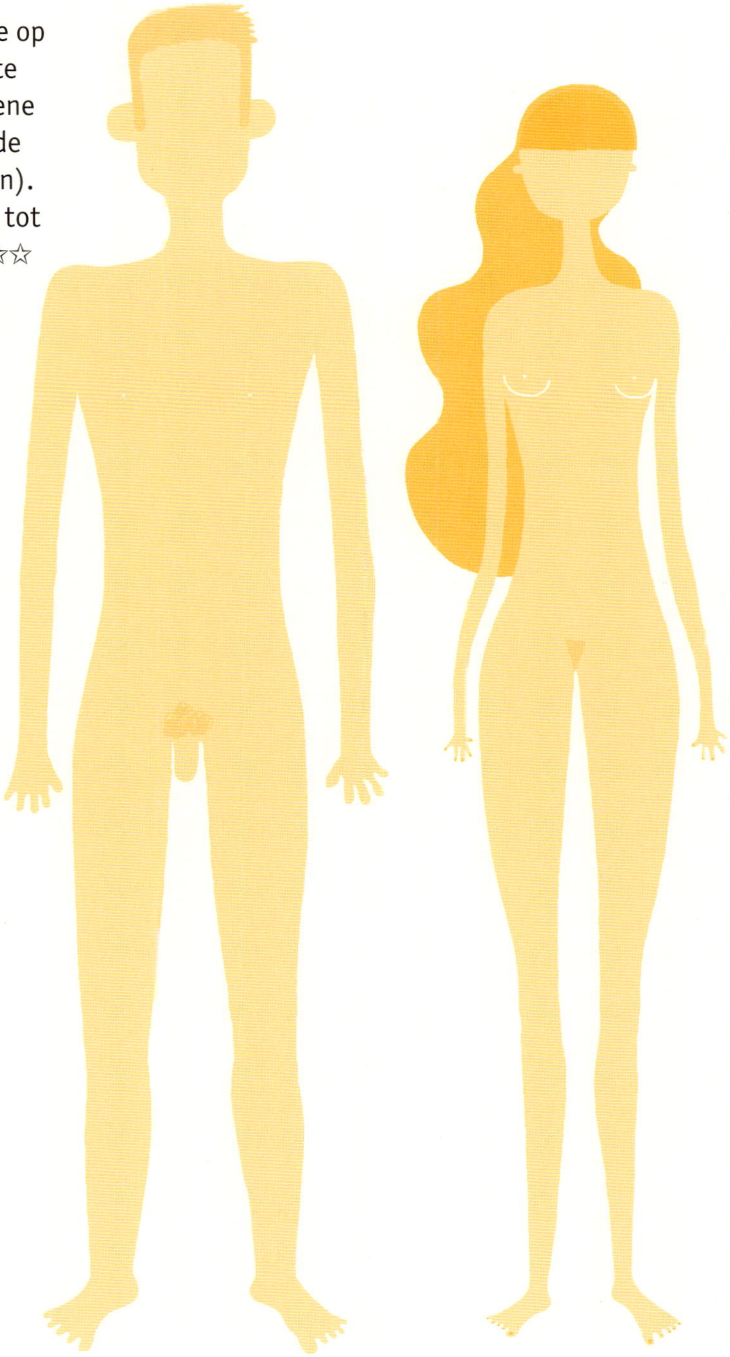

Hij Schrijf in onderstaande tabel je drie gevoeligste (niet-genitale) zones. Geef voor elke zone aan welke stimulatie je het liefst hebt (meerdere mogelijkheden).

	Strelen met de vingers/ handen	Likken	Kussen/zuigen	Stimuleren met een vibrator	Strelen met een attribuut (veer enz.)	Bijten	Zachtjes stimuleren	Intensief stimuleren	Kort stimuleren	Lang stimuleren
Zone 1:										
Zone 2:										
Zone 3:										

Wat zet je meteen in vuur en vlam?

Bij deze eerste verkenningsronde heb je misschien nieuwe dingen ontdekt over je eigen lichaam en dat van je partner. Om die kennis niet verloren te laten gaan, brengen jullie tijdens je volgende vrijpartij minstens een van die ontdekkingen in de praktijk voor elk van jullie beiden.

Voorbeeld voor haar: de nek masseren, de buik strelen en daarna in het oor bijten.

Als de gekozen combinatie even aangenaam is als gedacht, zal ze na enkele keren een automatisme worden, zeg maar een verkorte weg naar het opwekken van je begeerte.

Ik houd jou vast, jij houdt mij vast...

Doordat seksualiteit een spontaan gebeuren is en niet zomaar een les die je opdreunt, draaien bepaalde handelingen in het heetst van de strijd soms anders uit dan voorzien. Vaak stimuleert een van beiden bij de partner de zones die hij of zij het liefst gestimuleerd ziet bij zichzelf. Daardoor verminder je de kansen om de zintuigen van je partner een voor een te wekken en bestaat het risico dat je een onaangenaam effect teweegbrengt.

Om onaangename verrassingen te voorkomen, vullen jullie nu samen de onderstaande tabel in. Ga na hoe het voelt om elk van de vermelde zones in contact te brengen met de zones van je partner en zet een kruisje als je iets lekker vindt. Kruisen jullie beiden dezelfde combinatie van zones aan (bv. borst bij haar tegen borst bij hem), dan kunnen jullie die beschouwen als een basisingrediënt voor jullie voorspel. Het gaat er in deze verkenningsronde niet zozeer om een definitief menu op te stellen, maar combinaties uit te sluiten die jullie niet lekker vinden.

Hij **Zij**	Lippen	Tong	Neus	Oren	Hals/nek	Borst	Buik	Schaamheuvel	Dijen (binnenkant)	Billen	Voeten (zolen)
Lippen											
Tong											
Neus											
Oren											
Hals/nek											
Borst											
Buik											
Schaamheuvel											
Dijen (binnenkant)											
Billen											
Voeten (zolen)											

Voer deze laatste verkenningsronde zonder vooroordelen of taboes uit. Uiteraard kan het jullie onmogelijk lijken om haar schaamheuvel te strelen met zijn oor, of zijn nek met haar borsten. Lach er eens om, maar laat dat niet het eindpunt zijn. Uit dit spelletje kunnen grootse erotische ontdekkingen voortvloeien. Het algemene idee erachter is dat je hele lichaam een instrument van genot kan zijn.

In een volgende fase kunnen jullie de combinaties die jullie beiden aangenaam vonden herhalen en jullie favoriete top drie of top vier samenstellen.

2. Een proevertje vooraf

Terwijl orale seks een eeuw geleden nog 'exotisch' was, is het tegenwoordig een vast ingrediënt in een partnerrelatie. 78% van de vrouwen deed al aan fellatio, 56% van de mannen aan cunnilingus. Ook als orale seks tijdens het voorspel gewaardeerd wordt en soms zelfs een bevredigende vervanging is voor zogenoemde 'volwaardige' betrekkingen (met coïtus), is het nooit een verplichting. Cru gezegd kan niemand ertoe gedwongen worden zijn partner te likken of zuigen. Het kan een bron van genot zijn, maar het moet in eerste instantie gebeuren vanuit een verlangen om de persoon aan wie men het aanbiedt te plezieren.

Gedwongen of routineuze orale seks is zelden aangenaam voor zowel de gever als de ontvanger. Of je nu zuigt of likt, focus je van tevoren op de persoon die je ermee wilt verwennen. Cunnilingus en fellatio zijn suggesties voor 'voorgerechten', voorbodes van een smakelijke maaltijd, en geen standaardrecepten die je bij iedereen op dezelfde manier kunt toepassen.

2.1 De beste manier om te likken

Omdat elk vrouwelijk geslachtsorgaan bij stimulatie anders reageert, is het raadzaam je tijd te nemen om de reacties van je partner te leren kennen in plaats van je er met je hele tong gulzig op te storten!
De meest voorkomende misvatting is het vrouwelijke geslachtsorgaan en zijn onderdelen (grote schaamlippen, kleine schaamlippen, monnikskapje, clitoris, voorhof, vagina) beschouwen als één geheel dat met grote halen gelikt moet worden. Niets is minder waar!
Om jullie aanpak te verfijnen, beste heren, vraag je aan je partner om de volgende tabel samen met jou in te vullen. Daarin geeft ze aan welke handeling ze wel of niet fijn vindt voor elk van de vermelde gebieden.

	Monnikskapje van de clitoris	Eikel van de clitoris	Grote schaamlippen	Kleine schaamlippen	Vaginale voorhof
Zuigen/pompen met de lippen					
Zuigen zoals op een lolly					
Likken met grote halen					
Likken met kleine halen					
Prikkelen					
Trommelen met de tong					

De enige regel die je moet onthouden, is dat hoewel in eerste instantie alle varianten plezierig zijn, elke vrouw meestal een orgasme bereikt door één specifieke soort liefkozing die lang en met regelmaat aangehouden wordt.

Voor een nog persoonlijker aanpak kruis je niet alleen het vakje bij elke zone en de gekozen handeling aan, maar vermeld je ook de favoriete snelheid (**p**ittig of **t**raag), intensiteit (**s**tevig of **z**acht) en duur (**ko**rt of **l**ang).

Verschillende varianten

Doordat de primaire erogene zones van nature weinig opvallen bij een vrouw, is de aangenomen houding belangrijk voor de bereikte sensaties. De houding die de meeste koppels aannemen (zij op haar rug met de benen gespreid, hij met zijn gezicht naar het kruis van zijn partner) is helaas verre van de geschiktste. Ze is weinig comfortabel voor de man (pijnlijke nek, beperkte bewegingsvrijheid) en maakt langdurige cunnilingus bijna onmogelijk.
Zodra jullie de bovenstaande tabel hebben ingevuld, kun je daarom het best andere houdingen uitproberen om te ontdekken welke jullie het beste bevallen. Neem daarbij de volgende criteria in acht:

- het comfort van beide partners;
- een wijde opening van de vulva zodat alle erogene zones bereikbaar zijn;
- de mogelijkheid voor hem om met zijn mond/tong grote bewegingen te maken.

De lijst van posities achter in dit boek vermeldt drie houdingen die mogelijke varianten op het 'voorgerecht' zijn: het Paradijs (blz. 38), de Aanbidding (blz. 40) en het Blad (blz. 42).

Als zij het niet erg vindt dat hij haar geslachtsorgaan heel openlijk kan bekijken, is de houding waarbij zij – zoals bij een 69 – omgekeerd op het lichaam van haar partner ligt, veruit de aangenaamste *en* doeltreffendste. In plaats van zijn geslachtsorgaan in haar mond te nemen, kromt ze haar rug en laat ze haar gezicht en borstkas op zijn buik of flank rusten. Het is prettig als hij een voldoende dik kussen onder zijn nek stopt, zodat hij niet bij elke haal van zijn tong zijn nekspieren forceert.
In deze positie kan de cunnilingus zo lang duren als beide geliefden dat aangenaam vinden...

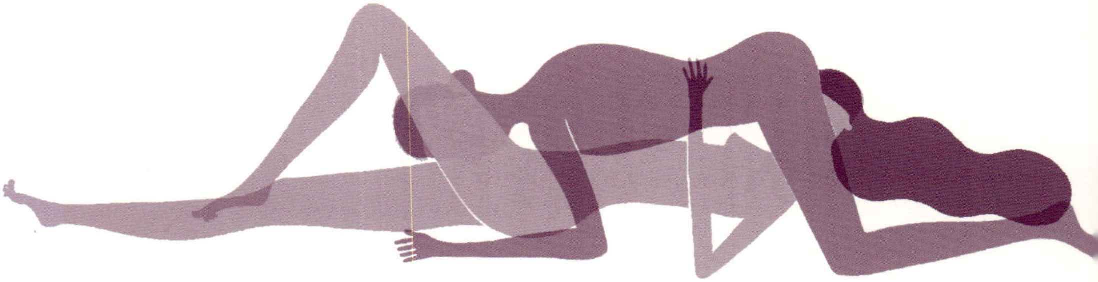

2.2 De beste manier om te zuigen

Omdat elk mannelijk geslachtsorgaan bij stimulatie anders reageert, is het raadzaam je tijd te nemen om de reacties van je partner te leren kennen in plaats van je er met je lippen gulzig op te storten!
De meest voorkomende vergissing is zich uitsluitend op de eikel van de penis concentreren met een regelmatige zuigbeweging, alsof je zo snel mogelijk een bolletje ijs op een hoorntje wilt laten smelten. Ondanks de 'doeltreffendheid' van deze methode (snelle ejaculatie) is ze allesbehalve lonend voor je partner.
Om jullie aanpak te verfijnen, beste dames, vraag je aan je partner om de volgende tabel samen met jou in te vullen. Daarin geeft hij aan welke handeling hij wel of niet fijn vindt voor elk van de vermelde gebieden.

	Eikel	Basis van de eikel	Riempje (frenulum)	Urine-opening	Schacht
Zuigen/pompen met de lippen					
Zuigen zoals op een lolly					
Likken met grote halen					
Likken met kleine halen					
Prikkelen					
Trommelen met de tong					

De enige regel die je moet onthouden, is dat hij het pas echt zal waarderen als je variatie aanbrengt in je stimulaties. Met andere woorden: als je je tijd neemt, is dat voor hem een teken dat je graag doet wat je doet.

Voor een nog persoonlijker aanpak kruis je niet alleen het vakje bij elke zone en de gekozen handeling aan, maar vermeld je ook de favoriete snelheid (**p**ittig of **t**raag), intensiteit (**s**tevig of **z**acht) en duur (**k**ort of **l**ang).

Verschillende varianten

De toegang tot het mannelijke geslachtsdeel vormt gewoonlijk geen probleem. Alle posities zijn dus 'goed', op twee bedenkingen na:

- Zonder om het even welke seksistische gedachte ook, fellatio is pas echt bevredigend voor een man als hij zich in een dominante positie bevindt en kan genieten van een onbelemmerd uitzicht op het hele gebeuren. Daarom bevindt hij zich het liefst in een houding waarbij hij uittorent boven zijn partner, die zich over zijn geslachtsorgaan buigt.
- Een penis in erectie in je mond stoppen is niet niks. Sommige vrouwen willen het alleen doen als ze heel precies de controle kunnen houden over de ingebrachte lengte. Daardoor kunnen ze hun liefkozingen ook nauwkeuriger doseren en de verschillende beoogde gebieden bereiken, inclusief het scrotum en het frenulum (riempje). Kies dus liever posities waarbij de vrouw voldoende bewegingsvrijheid heeft.

In de lijst van posities achter in dit boek vind je twee 'voorgerechten' die een fellatio bevatten en die voldoen aan de hierboven vermelde criteria: de Jager (blz. 44), die 'dominantie' en comfort met elkaar verenigt, en de Offerande (blz. 46), waarbij de vrouw onderdaniger is.

3. Voorgerechten om te combineren

Zoals we al gezien hebben, is geen enkele erotische techniek beter dan de techniek die beide partners instinctmatig goed vinden.
Toch kun je voor het voorspel een of meerdere 'referentiemenu's' samenstellen op basis van je eerdere vaststellingen (zie vorige bladzijden), waardoor je sneller en intenser opgewonden zult raken.

3.1 Een snufje favoriete liefkozingen

Kies allebei uit jullie favoriete stimulaties van de secundaire erogene zones (I-1, 'Ontdek je erogene zones'):

- A – een zone waar je met de handen gestimuleerd wilt worden;
- B – een zone waar je met de mond gestimuleerd wilt worden;
- C – een zone waar je met een erogene zone van je partner gestimuleerd wilt worden.

3.2 Een eetlepel van jullie favoriete orale spelletjes

Om elkaar oraal te verwennen, kiezen jullie allebei:

- D – een houding met een stimulatie van gemiddelde intensiteit, maar comfortabel voor wie de stimulatie geeft en die langdurig volgehouden kan worden;
- E – een houding met een stimulatie van hoge intensiteit, ook al is ze oncomfortabel voor wie de stimulatie geeft, om kort toe te passen.

Meng tot heerlijke reeksen

Geef allebei beurtelings je partner de volgende reeks: A-C-D (of A-B-C als je vandaag geen zin hebt in orale seks).
Omdat vrouwen meestal meer tijd nodig hebben om opgewonden te raken, beginnen jullie het best met haar.
Ga daarna verder, nog steeds om beurten, met de reeks B-C-E (of B-B-C als je vandaag geen zin hebt in orale seks) en let er daarbij op dat je in de fasen B en C andere zones kiest dan bij de eerste reeks.

3.3 Breng op smaak en... klaar!

Vergeet nooit dat, tijdens het voorspel meer nog dan tijdens de eigenlijke coïtus, alle zintuigen meedoen en kunnen bijdragen aan de toenemende opwinding. Door verschillende soorten stimuli met elkaar te combineren, bereid je het lichaam nog beter voor op de zintuiglijke explosie van het orgasme. Denk er daarom in elke fase aan om tijdens het liefkozen een van je andere zintuigen aan het werk te zetten, ongeacht of je de stimulatie geeft of ontvangt.

Voorbeelden:

- Als je een erogene zone van je partner kust, zuigt of likt, kun je tegelijkertijd met je vingertoppen strelen over een van de gevoeligste secundaire erogene zones (borsten, tepels, billen, binnenkant dijen, perineum).

- Omgekeerd weerhoudt niets je ervan om tijdens het strelen van je partner je neus in zijn of haar geurigste lichaamsdelen te stoppen, waar de meeste feromonen vrijkomen: haren, oksels, schaamheuvel, tepels.

- Terwijl je een cunnilingus of fellatio ontvangt, kun je de hoofdhuid van je partner zachtjes kneden, echter zonder zijn of haar hoofd of gezicht op je geslachtsorgaan te duwen.

- Terwijl je handen de borsten of billen van je partner kneden, kun je zachtjes op een van haar vlezigere zones zuigen, of omgekeerd: bied haar een van je hardere delen aan.

II. Posities naar ieders smaak

Wie zich erop voorbereidt de liefde te bedrijven, heeft altijd de neiging meteen alles te willen uitproberen. Vaak zijn de ogen groter dan de maag.

Maar in het 'echte leven' houdt niet iedereen van alles wat op het menu staat.
Maar in het 'echte leven' heeft de persoon met wie je het bed deelt niet altijd dezelfde smaak als jij.
Maar in het 'echte leven' hebben we zelden urenlang de tijd, zijn we zelden maximaal opgewonden en laat ons lichaam niet altijd de meest acrobatische standjes toe.

1. Voordat jullie aan tafel gaan

Om de redenen hierboven behoren sommige coïtusposities (met gedeeltelijke of volledige penetratie) tot de 'voorgerechten', dat wil zeggen: het eerste contact dat geliefden met elkaar hebben. Na enkele weken, maanden of zelfs jaren van intiem samenleven kennen beiden elkaar door en door. Laten we zeggen dat jullie allebei weten in welke toestand het lichaam van de ander zich bevond tijdens vorige extases... Maar dat geeft absoluut geen garantie voor hoe het een volgende keer zal zijn.

Het zou onredelijk zijn om direct bij het eerste standje al sterke sensaties te verwachten. De hier opgesomde houdingen zijn een logisch vervolg van de liefkozingen tijdens het voorspel, dankzij het grote aantal erogene zones die erbij betrokken zijn (lichamen die tegen elkaar aangedrukt worden).

Als (niet-orale) posities bij wijze van voorgerecht geven we de voorkeur aan:

- de Soezende (blz. 48)
- de Verrassing (blz. 50)
- de Boom (blz. 52)
- de Bamboe (blz. 54)
- de Hongerige (blz. 56)

De meeste van deze posities maken geen diepe penetratie mogelijk en zijn een voorbode van intensievere coïtus. Als je al te grootse bewegingen vermijdt, voorkom je bij hem een snelle ejaculatie en kan zij langzaam in vorm komen.

2. Vele kleintjes maken één groot?

De originele tekst van de Kama Sutra bevat een basisindeling van de seksuele partners naargelang hun respectievelijke 'afmetingen'. Daarmee kan een lijst van min of meer geschikte houdingen gemaakt worden met het oog op zowel het comfort als het beoogde genot.

a. **Zij** Ben je een hinde, een merrie of een olifante?

Neem vooral geen aanstoot aan de vermelde dieren, met welk ervan je ook geassocieerd wordt. Ze werden slechts gekozen om een idee te geven van de grootte en het aanpassingsvermogen van de vagina bij vrouwen uit alle tijden. Het heeft dus niets te maken met de omvang van de genoemde dieren!

- Ben je nooit op een natuurlijke manier bevallen, dan ben je een hinde.
- Heb je één kind via de natuurlijke weg ter wereld gebracht, dan ben je een merrie.
- Heb je twee (of meer) kinderen via de natuurlijke weg ter wereld gebracht, dan ben je een olifante.

b. **Hij** Ben je een haas, een stier of een paard?

Beste heren, het is nu tijd om open kaart te spelen. Het gaat hier immers wel degelijk over de grootte van jullie penis (in de oorspronkelijke Kama Sutra *lingam* genoemd) in erectie. Om modellen van alle maten gerust te stellen, moet je weten dat een vagina van de voorhof tot aan de baarmoedermond gemiddeld tien tot twaalf centimeter diep is. Een buitenmaats 'apparaat' zal je partner dus niet gekker maken van genot dan een geslachtsorgaan van bescheidener afmetingen. In onze contreien bedraagt de gemiddelde lengte ongeveer dertien centimeter, wat bewijst dat de natuur goed in elkaar zit!

- Haas: < 12 cm in erectie.
- Stier: 12-16 cm in erectie.
- Paard: > 17 cm in erectie.

c. Hoe stemmen jullie je profiel op elkaar af?

Kijk om te beginnen naar de volgende tabel. Op basis van jullie respectievelijke profielen vinden jullie daarin de posities die vermoedelijk het aangenaamst zijn voor jullie beiden.

	Haas	Stier	Paard
Hinde	☆☆☆	☆☆	☆
Merrie	☆☆	☆☆☆	☆☆
Olifante	☆	☆☆	☆☆☆

Let op: de combinaties zijn gebaseerd op de manier waarop jullie geslachtsorganen bij elkaar passen bij de penetratie. Ze houden geen rekening met de respectievelijke behoeften van jullie geslachtsorganen om het gewenste genot te bereiken, noch met de vele parameters die een rol spelen bij de penetratie en de gekozen positie: diepte, vereist inspanningsvermogen, tijdsduur enzovoort. Daarom geven we hieronder een eerste keuzeoverzicht van posities, naargelang de overeenkomst tussen jullie profielen.

OVEREENKOMST ☆

Hinde-paard Geef de voorkeur aan weinig inspannende houdingen *en* een geringe penetratie. Voorbeelden:

- de Missionaris (blz. 60)
- de Tête-à-tête (blz. 68)
- de Hiëroglief (blz. 72)
- de Kabels (blz. 106)
- de X (blz. 120)
- de Liaan (blz. 126)
- de Omkering (blz. 140)
- de Lange Haren (blz. 142)
- de Slapende (blz. 148)

Olifante-haas Geef de voorkeur aan inspannende houdingen die *bovendien* de g-spot kunnen stimuleren. Voorbeelden:

- het Gebed (blz. 64)
- de Deinende Boot (blz. 70)
- de Hazewind (blz. 80)
- de Kruiwagen (blz. 82)
- de Schommelstoel (blz. 84)
- de Achteroverleunende (blz. 90)
- de Zuil (blz. 92)
- het Krukje (blz. 94)

- de Schommel (blz. 98)
- de Galop (blz. 108)
- de Winkelhaak (blz. 110)
- het Hangslot (blz. 124)
- de Tafel (blz. 130)
- de Grote Zuiger (blz. 132)

OVEREENKOMST ☆ ☆

Hinde-stier of **merrie-paard** Geef de voorkeur aan inspannende houdingen *en* een geringe penetratie. Voorbeelden:

- de Amazone (blz. 58)
- de Kikker (blz. 66)
- de Ligstoel (blz. 76)
- het Kruis (blz. 78)
- de Schommelstoel (blz. 84)
- het Paard (blz. 86)
- het Bestand (blz. 88)
- de Panda (blz. 104)
- de Tijger (blz. 114)
- de L (blz. 116)
- de M (blz. 118)

Merrie-haas of **olifante-stier** Geef de voorkeur aan inspannende houdingen *en* een diepe penetratie. Voorbeelden:

- de Verliefde (blz. 62)
- het Gebed (blz. 64)
- de Deinende Boot (blz. 70)
- de Brug (blz. 74)
- de Hazewind (blz. 80)
- de Kruiwagen (blz. 82)
- de Achteroverleunende (blz. 90)
- de Zuil (blz. 92)
- het Krukje (blz. 94)
- de Schelp (blz. 100)
- de Winkelhaak (blz. 110)
- de Zuiger (blz. 122)
- de Huzaar (blz. 128)
- de Pomp (blz. 134)

OVEREENKOMST ☆ ☆ ☆

Hinde-haas, **merrie-stier** of **olifante-paard** Alle posities kunnen uitgeprobeerd worden. Geliefden die al goed op elkaar afgestemd zijn, kunnen hun voorkeuren uitdiepen volgens verfijndere criteria (zie volgende bladzijden).

3. Stem de omstandigheden voor jullie orgasme op elkaar af

Elk van jullie beiden kent zijn of haar lichaam waarschijnlijk goed genoeg om te bepalen welk soort stimulatie van de primaire (genitale) erogene zones hem of haar tijdens de coïtus het best naar een orgasme leidt.

a. Zij Dit blaast jou helemaal van je sokken.

Kruis in de tabel aan wat bij jou past. Denk daarbij aan situaties die je al meemaakte en waaraan je intens genot (met of zonder orgasme) beleefde.

	Met de schaamheuvel	Met de penis	Met zijn vingers	Met mijn vingers	Met een vibrerend attribuut	Met een ander attribuut/accessoire (precies omschrijven)
1 Clitoris						
2 G-spot						
3 Achterkant van de vagina en baarmoedermond						
4 Anus						

Heb je twee handelingen tegelijk nodig om genot te bereiken, omcirkel dan in dezelfde kleur de bij elkaar horende kruisjes in de verschillende hokjes.

b. Hij Dit kluistert jou aan het bed.

Kruis in de volgende tabel aan wat bij jou past. Denk daarbij aan situaties die je al meemaakte en waaraan je intens genot (met of zonder orgasme) beleefde.

	Met de voorhof van de vagina	Met de hele vagina	Met haar vingers	Met mijn vingers	Met een vibrerend attribuut	Met een ander attribuut (precies omschrijven)
1 Eikel						
2 Schacht						
3 Scrotum						
4 Anus						

Heb je twee handelingen tegelijk nodig om genot te bereiken, omcirkel dan in dezelfde kleur de bij elkaar horende kruisjes in de verschillende hokjes.

c. De (voorlopige) lijst van geschikte posities

Blader meteen verder naar de lijst van vermelde posities achter in dit boek (blz. 158). Hebben jullie een overeenkomst met ☆ of ☆ ☆, kijk dan naar de al gegeven selectie van standjes (zie blz. 20-21).
Hebben jullie ☆ ☆ ☆, lees dan alle beschreven posities door om te bepalen welke ervan jullie genot zouden kunnen bezorgen.
Doorloop in elk geval de posities rekening houdend met jullie smaken (zie 'Stem de omstandigheden voor jullie orgasme op elkaar af' op de vorige bladzijde).

Voor haar

- Clitoris met de penis: zie 'Stimulatie clitoris'.
- Clitoris met de schaamheuvel: zie 'Stimulatie clitoris'.
- Clitoris met de handen: zie 'Erogene zones bereikbaar voor hem bij haar'.
- Clitoris met de handen: zie 'Erogene zones bereikbaar voor haar bij haarzelf'.
- Clitoris met een vibrerend attribuut: zie 'Eventuele attributen'.
- G-spot: zie 'Stimulatie g-spot'.
- Achterkant van de vagina en baarmoedermond: zie 'Diepe penetratie'.
- Anus: zie 'Erogene zones bereikbaar voor hem bij haar' en 'Eventuele attributen'.

Voor hem

- Eikel: zie 'Eikel omvat'.
- Schacht: zie 'Schacht omvat'.
- Scrotum met haar handen: zie 'Erogene zones bereikbaar voor haar bij hem'.
- Scrotum met mijn handen: zie 'Erogene zones bereikbaar voor hem bij hemzelf'.
- Anus: zie 'Erogene zones bereikbaar voor haar bij hem' en 'Eventuele attributen'.

Na het toepassen van bovenstaande essentiële criteria houd je een beperkt aantal posities over om uit te testen:

- posities die tegemoetkomen aan de verlangens van de vrouw;
- posities die tegemoetkomen aan de verlangens van de man;
- en eventueel de posities die beide partners lekker lijken.

Je kunt de naam van de positie(s) en de bladzijde noteren in de onderstaande tabel, bij voorkeur met potlood. Daarmee heb je een basis van elementaire posities. Uiteraard hoef je na verloop van tijd je niet daartoe te beperken. Maar je weet nu voor de toekomst dat je in alle vertrouwen kunt putten uit deze bron, die samengesteld is aan de hand van jullie eigen behoeften:

	Posities voor haar	Posities voor hem	Posities voor ons beiden
1			
2			
3			
4			
5			
6			
7			
8			

4. Verfijn je smaken

Als je een basis met compatibele posities hebt samengesteld, kun je de selectie nog verfijnen. Zo vind je uiteindelijk de heilige graal van standjes die honderd procent aan je verwachtingen voldoen.

• Naargelang de gewenste uitwisselingen

Hier vind je een reeks handelingen die de eigenlijke coïtus aanvullen. Zet een kruisje bij de handelingen die je al hebt uitgeprobeerd en die je bevielen.

Handeling	Zij	Hij
De billen van mijn partner strelen.		
Mijn partner streelt mijn billen.		
De borst(en) van mijn partner strelen.		
Mijn partner streelt mijn borst(en).		
Het gewicht van mijn partner op mij voelen.		
Mijn partner voelt mijn gewicht op zich.		
Het geslachtsorgaan van mijn partner zien.		
Mijn partner ziet mijn geslachtsorgaan.		
Mijn partner kussen.		
De anus van mijn partner aanraken.		

Handeling	Zij	Hij
Mijn partner raakt mijn anus aan.		
Het gezicht van mijn partner zien.		
De billen van mijn partner zien.		
Mijn partner verhinderen te bewegen.		
Mijn partner verhindert mij te bewegen.		

Om te bepalen of de al geselecteerde posities deze extra fantasietjes mogelijk maken, kun je letten op de volgende pictogrammen.

 Zicht op de billen

 Zicht op het vrouwelijke geslachtsorgaan

 Zicht op het mannelijke geslachtsorgaan

 Kussen mogelijk

 Vrouw dominant

 Man dominant

Zie ook 'Erogene zones bereikbaar voor haar' en 'Erogene zones bereikbaar voor hem'.

De andere verfijningscriteria zijn sterker afhankelijk van de omstandigheden. Ze berusten op jullie persoonlijke situatie in toekomstige stoeipartijen. Gebruik ze daarom niet om een bepaalde positie uit te sluiten, maar als hulp om te bepalen welke houdingen het geschiktst zijn in een bepaalde situatie.

- **Naargelang de tijd waarover jullie beschikken**
  Zie 'Aanbevolen tijd'.

- **Naargelang de ondergrond (en de plaats) waarover jullie beschikken**
  Zie 'Geschiktste ondergrond'.

- **Naargelang de lenigheid en het inspanningsvermogen van beiden**
  Zie 'Comfort' en 'Inspannende houding'.

Eindresultaat
In het overzicht van je persoonlijke selectie schrap je de posities die niet beantwoorden aan de geselecteerde verfijningscriteria.
In principe zou je in totaal aan minstens vijf houdingen moeten komen als je de som maakt van de posities die jullie allebei geschikt vinden.

5. Stel je menu à la carte samen

Ziezo! Als alles verlopen is zoals verwacht, dan heb je nu een shortlist van posities die:

1. beantwoorden aan jullie behoeften;
2. beantwoorden aan jullie smaak;
3. beantwoorden aan de omstandigheden waarin jullie het vaakst de liefde bedrijven.

Noteer die posities in de volgende tabel en geef elk standje een cijfer van 1 tot en met 5 naargelang het genot dat het verschaft voor jullie allebei.

	Positie	Cijfer (zij)	Cijfer (hij)	Voorgerecht	Hoofdgerecht	Dessert
1						
2						
3						
4						
5						

a. Een mix van smaken

Onthoud deze posities (minimaal 2, maximaal 5) en bepaal nu welke volgorde(s) jullie het fijnst vinden.
Je hebt vast al gemerkt dat de posities zijn ingedeeld in de categorieën 'voorgerechten', 'hoofdgerechten' en 'desserts' als hulp om de volgorde te bepalen. Bij elke goede maaltijd word je verondersteld de gerechten in die volgorde te consumeren, met het oog op een bepaalde zintuiglijke progressie.
Omdat bij seksualiteit alles mag en kan (als de geliefden het daarover eens zijn), kun je ook beginnen met het dessert en eindigen met het hoofd- of voorgerecht.

b. *Ready to eat*-combinaties

Zodra je alle geselecteerde posities hebt uitgeprobeerd, kun je bepaalde combinaties reserveren voor specifieke omstandigheden.

- Voor een knus ontwaken: een combinatie van posities die allemaal tot de categorie 'voorgerechten' behoren.

- Voor een zwoele siësta: een combinatie van posities die allemaal tot de categorie 'desserts' behoren.

- Voor een wilde nacht: een combinatie van posities die allemaal tot de categorie 'hoofdgerechten' behoren (bij voorkeur heel intensief – kijk daarvoor bij 'Intensieve positie').

6. Tips van de chef

Beschouw jullie vrijpartijen vooral niet als sportprestaties. Zoals vaak het geval is bij een maaltijd, leveren de sfeer en de bijgerechten minstens evenveel genot op als wat er 'op het bord' ligt.

Las daarom pauzes in tussen de 'gerechten' om de opwinding wat te verminderen en jezelf voor te bereiden op het vervolg.
Kruis van tevoren in de volgende tabel de sfeerelementen aan die jullie graag zouden toevoegen aan jullie reeks van posities, zodat die werkelijk onvergetelijk wordt. Uiteraard is niets verplicht en is er geen sprake van routine.

Sfeer

	Zij wil	Hij wil	Beiden willen
Gedempt licht			
Kaarslicht			
Sfeermuziek			
Geurelementen			
Pikante taal (door haar)			
Pikante taal (door hem)			
Lieve woordjes (door haar)			
Lieve woordjes (door hem)			

Met de handen

	Zij wil	Hij wil	Beiden willen
Strelen van de borst (door haar)			
Strelen van de borst (door hem)			
Strelen van het gezicht (door haar)			
Strelen van het gezicht (door hem)			
Strelen van de anus (door haar)			
Strelen van de anus (door hem)			

Met de lippen

	Zij wil	Hij wil	Beiden willen
Een lange kus			
Kusjes op het lichaam			

III. Stel je fastfoodmenu samen

Als 'veeleisende consument' wat je eigen seksualiteit betreft, snak je soms naar vier sterren... maar dan net zo snel geserveerd als in een fastfoodrestaurant!

Om aan die dubbele eis tegemoet te komen, vind je op de bladzijde hiernaast een heuse **machine om combinaties van posities samen te stellen** die de drie onmisbare elementen van een bevredigende vrijpartij bevatten:

- een **voorgerecht** om de opwinding van het voorspel te vegroten;
- een **hoofdgerecht** voor een optimale stimulatie naar een orgasme;
- een **dessert** om volop te genieten van het geschonken en ontvangen genot.

In de linkerkolom vind je om te beginnen vier klassieke 'voorgerechten'. Sommige lijken op eenvoudig voorspel, andere bevatten coïtus met volledige vaginale penetratie.

De middelste kolom bevat vier posities die het genot verhogen. Meestal zijn het posities die je middellang tot lang kunt aanhouden, dat wil zeggen: met een geschikte duur om langzaam naar het orgasme toe te werken. Bovendien stimuleren ze of de g-spot of de clitoris en soms beide.

Kies uit de rechterkolom een van de vier posities die bedoeld zijn om de finale te kruiden. Het zijn meestal minder intensieve houdingen of posities die een teder samensmelten van de partners bevorderen.

Probeer nu de verschillende mogelijke combinaties (in totaal 27!) uit met telkens drie houdingen na elkaar. Noteer hieronder de coördinaten van de beste combinaties, bijvoorbeeld A1, B3, C2.

Jullie favoriete combinaties (bv. A1 + B3 + C2)

1. :	+	+	2. :	+	+
3. :	+	+	4. :	+	+
5. :	+	+	6. :	+	+
7. :	+	+	8. :	+	+
9. :	+	+	10. :	+	+

A. Beginpositie: 'voorgerecht'

B. Genotspositie: 'hoofdgerecht'

C. Bekroning: 'dessert'

1.

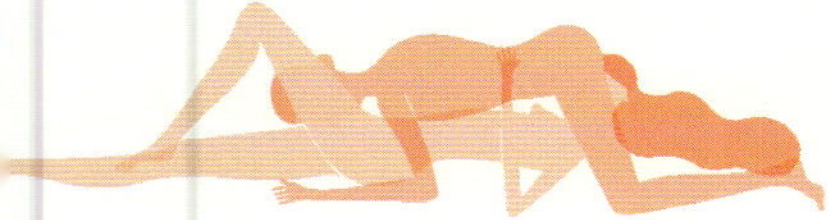

69 (zie blz. 36)

de Verliefde (zie blz. 62)

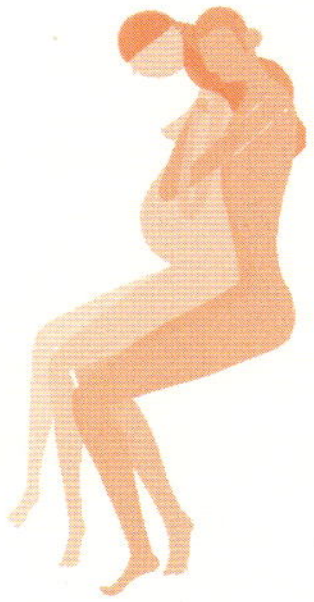

de Lepels (zie blz. 152)

2.

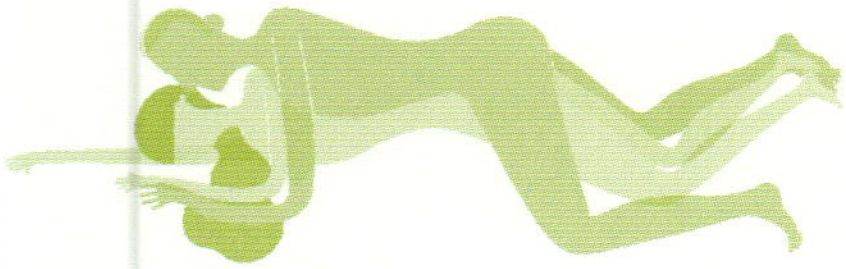

de Soezende (zie blz. 48)

de Schelp (zie blz. 100)

de Grote Zuiger (zie blz. 132)

3.

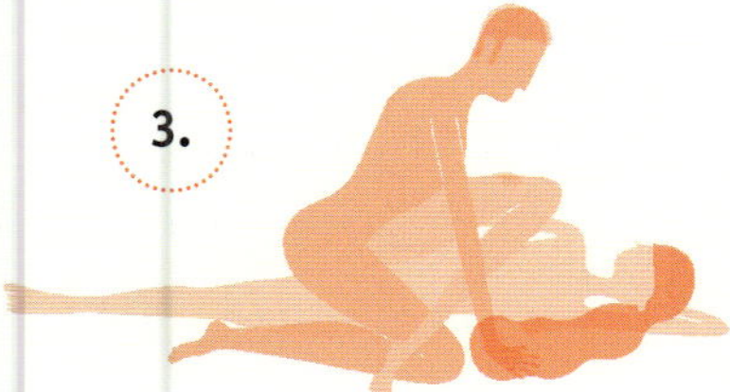

de Verrassing (zie blz. 50)

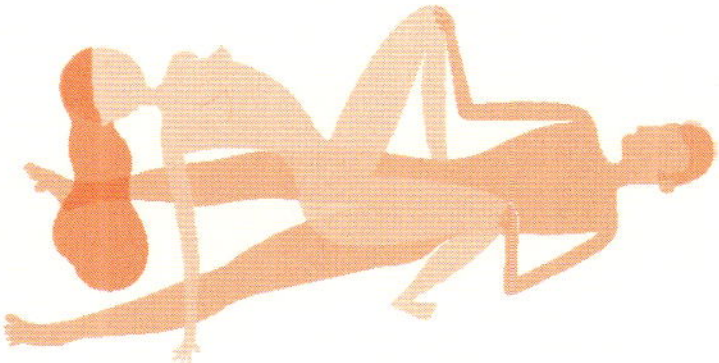

de Achteroverleunende (zie blz. 90)

de Lotus (zie blz. 136)

4.

de Hongerige (zie blz. 56)

de Hazewind (zie blz. 80)

het Doosje (zie blz. 154)

Maatwerk

Heb je bepaald welke combinaties jullie favorieten zijn, pas dan elk ervan aan door een van de drie posities (voorgerecht, hoofdgerecht of dessert) in te ruilen voor een vervangende positie die je kiest uit de volledige lijst achter in dit boek.

Voorbeeld: zijn jullie dol op de klassieke reeks 69-Hazewind-Lotus? Probeer dan eens de volgende alternatieve combinaties: 69-Panda-Lotus of 69-Hazewind-Pomp.

Plezier voor twee

Zijn jullie te ongeduldig om de verschillende mogelijke combinaties uit te testen, pak dan een potlood, sluit de ogen en wijs in elke kolom op de vorige bladzijde op goed geluk een van de vier posities aan. Om de waaier aan mogelijkheden nog uit te breiden, blader je door het hoofdstuk 'De volledige kaart: alle posities' (blz. 35 e.v.) in dit boek dat alle categorieën (voorgerechten, hoofdgerechten en desserts) bevat en stop je op een willekeurige bladzijde. Of beter nog, doe eens gek en begin met het dessert. Of verslind alleen de voorgerechten!

Nog gehaaster dan gehaast?

Je bent ongeduldig, je wilt maatwerk, maar in het tempo van prêt-à-porter? Raadpleeg dan de thematische selectie van posities achter in dit boek, op bladzijde 156-157.
Inderdaad, het is een niet-gepersonaliseerd snelkeuzemenu, maar nog altijd beter dan dat jullie je op elkaar storten zonder het geringste idee van waar jullie naartoe willen!

IV. Kama Sutra: laat het spel beginnen!

Een Kama Sutra uitkienen tot in de puntjes is prima... Maar een snufje willekeur toevoegen aan al te minutieus voorbereide combinaties kan een 'droog' recept opnieuw op smaak brengen. Daarom stellen we de volgende spelletjes voor...

1. Zeszijdige stoeipartij

Pak een dobbelsteen. Kies zes posities uit die jullie heel lekker vinden. Om tot een evenwichtig resultaat te komen, kiezen jullie allebei een positie uit elke categorie ('voorgerechten', 'hoofdgerechten' en 'desserts'). Nummer ze van 1 tot en met 6:

- 1 en 2: voorgerechten
- 3 en 4: hoofdgerechten
- 5 en 6: desserts

Gooi om beurten de dobbelsteen om te bepalen welke positie jullie als volgende gaan uitproberen.

2. Erotische waarzeggerij

Pak een spel met 32 kaarten (7, 8, 9, 10, boer, koningin, koning en aas van elke kleur). Schud de kaarten.

1. Neem een positie aan, bij voorkeur een uit de categorie 'voorgerechten' of een uit de categorie 'hoofdgerechten'.
2. Verdeel de zorgvuldig geschudde kaarten in twee stapels: alle rode kaarten (harten en ruiten) zijn voor haar, alle zwarte kaarten (schoppen en klaveren) voor hem.
3. Trek om beurten een kaart uit je eigen stapel kaarten.
4. Geef de kaart aan je partner en vraag hem/haar een van de volgende handelingen uit te voeren:

Rode kaarten

- 7: streel mijn borstkas

- 8: streel mijn billen
- 9: neem mij harder
- 10: spreek grove taal tegen mij
- boer: zeg me dat je van me houdt
- koningin: streel mijn clitoris
- koning: streel je geslachtsorgaan of scrotum
- aas: streel mijn anus

Zwarte kaarten

- 7: streel mijn borstkas
- 8: streel mijn billen
- 9: berijd mij
- 10: spreek grove taal tegen mij
- boer: zeg me dat je van me houdt
- koningin: streel mijn scrotum
- koning: streel je geslachtsorgaan
- aas: streel mijn anus

Variant 1, 'Sex battle': voordat de opdracht wordt uitgevoerd, kan de partner die de kaart ontvangt een kaart uit zijn eigen stapel trekken. Als hij een hogere kaart trekt, is hij aan zet en moet zijn partner hem gehoorzamen. Trekt hij een lagere kaart, dan moet hij zijn partner gehoorzamen.

Variant 2, 'Op goed geluk': schud de kaarten goed door elkaar en trek om beurten een kaart uit de stapel. Afhankelijk van de getrokken kaart is het aan jou of je partner om een handeling uit te voeren.

Variant 3, 'Voorspel': de kaarten koningin en koning krijgen bij deze variant de volgende waarde.

Rode kaarten:

- Koningin: de man masturbeert de vrouw
- Koning: cunnilingus

Zwarte kaarten:

- Koningin: de vrouw masturbeert de man
- Koning: fellatio

V. De volledige kaart: alle posities

Legenda van de pictogrammen

Positie buiten mogelijk  ja  nee

Oogcontact  ja  nee

Zicht op de billen  ja  nee

Zicht op het geslachtsorgaan van de vrouw  ja  nee

Zicht op het geslachtsorgaan van de man  ja  nee

Kussen mogelijk  ja  nee

Man dominant 

Vrouw dominant 

69

Sommigen zijn dol op deze positie, anderen verafschuwen de ster van de orale seks. Alleen geschikt voor koppels die heel hecht zijn met elkaar.

Het cijferpaar '69' spreekt voor zich. Deze positie, een combinatie van cunnilingus en fellatio, veronderstelt wederzijds vertrouwen en een goede kennis van hoe de ander zal reageren. Voor liefhebbers van 69 is het subtiele spel tussen zelf genieten en genot schenken bijzonder opwindend.
Omdat de man meestal sneller een orgasme bereikt, moet de vrouw haar liefkozingen af en toe onderbreken om zich over te geven aan het genot dat haar partner haar schenkt. Het is dan ook wenselijk dat hij languit op het bed ligt en zij over de hele lengte boven op hem. Dit hoeft natuurlijk niet te betekenen dat je dit standje ook niet eens andersom kunt proberen (zie illustratie).

Extraatje

Ideaal als jullie wat moe zijn na een lange dag. Beide geliefden liefkozen elkaar op dezelfde manier, maar ze liggen nu op hun zij. Om het genitale gebied bereikbaar te maken voor de partner, moeten beiden het bovenste been buigen.

Tip Om een stijve nek te voorkomen, kan wie onderaan ligt een dik kussen onder zijn of haar hoofd leggen.

Categorie: voorgerecht
Stimulatie bij haar: ★★★★☆
Stimulatie bij hem: ★★★★☆
Intensiteit: ★★★☆☆
Comfort: ★★★★☆

Erogene zones bereikbaar voor haar:
Bij hem: billen, dijen, rug, scrotum, perineum, anus
Bij haarzelf: mond, haren
Erogene zones bereikbaar voor hem:
Bij haar: billen, dijen, rug, perineum, anus
Bij hemzelf: mond, haren

Geschiktste ondergrond: bed, tapijt
Aanbevolen duur: lang
Eventuele attributen: kleine vibrator voor de anus
Intensieve positie: nee
Diepe penetratie: nee
Stimulatie g-spot: nee
Stimulatie clitoris: ja (tong)
Eikel omvat: ja
Schacht omvat: ja

Jullie score: zij ☆ ☆ ☆ ☆ ☆ hij ☆ ☆ ☆ ☆ ☆

Het Paradijs

Totale overgave voor haar, comfortabel voor hem: een interessant alternatief voor de klassieke cunnilingusposities.

De vrouw ligt op haar rug met opgetrokken of zelfs tegen haar buik gevouwen benen en zorgt ervoor dat haar vulva bereikbaar is. De man ligt languit omgekeerd naast zijn partner met zijn gezicht bij haar felbegeerde geslachtsorgaan. In deze houding, waarbij hij met één schouder op het bed rust, krijgt hij niet de onvermijdelijke nekpijn die gepaard gaat met de klassieke cunnilingushouding. Dankzij deze comfortabeler houding kan hij haar langer en zorgvuldiger verwennen. Deze positie lijkt op de zogenoemde 'Kivenmethode'. Daarbij trommelt de man, die loodrecht naast zijn partner ligt, met het puntje van zijn tong op het kapje van de clitoris zonder dat hij het gevoelige knopje ontbloot. Deze techniek, ook 'Tahitiaanse cunnilingus' genoemd, vergroot aanzienlijk de snelheid en de intensiteit van het orgasme.

Anekdote

De Kivenmethode om de clitoris te stimuleren, werd niet uitgevonden door een zekere arts Kiven, maar door de Amerikaanse seksuologe Patti Britton. De techniek is het resultaat van bijna dertig jaar onderzoek naar het vrouwelijk genot en zou volgens haar uitvindster de tijd die nodig is om tot een orgasme te komen met 60% verkorten.

Categorie: voorgerecht
Stimulatie bij haar: ★★★★☆
Intensiteit: ★★★★☆
Comfort: ★★★★☆

Erogene zones bereikbaar voor haar:
Bij hem: handen, armen, billen, dijen, voeten
Bij haarzelf: mond, borsten, buik, schaamheuvel
Erogene zones bereikbaar voor hem:
Bij haar: billen, dijen, buik, schaamheuvel, borsten, perineum, anus
Bij hemzelf: penis, scrotum

Geschiktste ondergrond: bed, tapijt
Aanbevolen duur: lang
Eventuele attributen: kleine vibrator voor de anus
Intensieve positie: nee
Diepe penetratie: nee
Stimulatie g-spot: nee
Stimulatie clitoris: ja (tong)

Jullie score: zij ☆ ☆ ☆ ☆ ☆ hij ☆ ☆ ☆ ☆ ☆

De Aanbidding

Een feministische positie bij uitstek voor oraal genot, die de traditionele rollen tussen man en vrouw op een aangename manier omdraait!

Op televisie heb je deze scène vast al duizend keer gezien: een vrouw voert fellatio uit terwijl ze op haar knieën aan de voeten van de man zit. De Aanbidding is precies het omgekeerde van dat seksistische cliché!
Het genot is niet noodzakelijk groot voor haar, maar voor hem is het uitzicht van onderaf op haar geslachtsorgaan, buik en borsten bijzonder stimulerend.

Variant Om haar vulva bereikbaarder te maken en toe te laten dat hij zijn tong in haar vagina stopt, kan zij een been gebogen op een krukje of de rand van het bed zetten.

Categorie: voorgerecht
Stimulatie bij haar: *****
Intensiteit: *****
Comfort: *****

Erogene zones bereikbaar voor haar:
Bij hem: haren, gezicht, mond
Bij haarzelf: mond, borsten, buik, schaamheuvel
Erogene zones bereikbaar voor hem:
Bij haar: billen, dijen, buik, schaamheuvel, perineum, anus
Bij hemzelf: mond, borstkas, penis, scrotum

Geschiktste ondergrond: grond, muur
Aanbevolen duur: middellang
Eventuele attributen: kleine vibrator voor de anus of vagina
Intensieve positie: nee
Diepe penetratie: nee
Stimulatie g-spot: nee
Stimulatie clitoris: ja (tong)

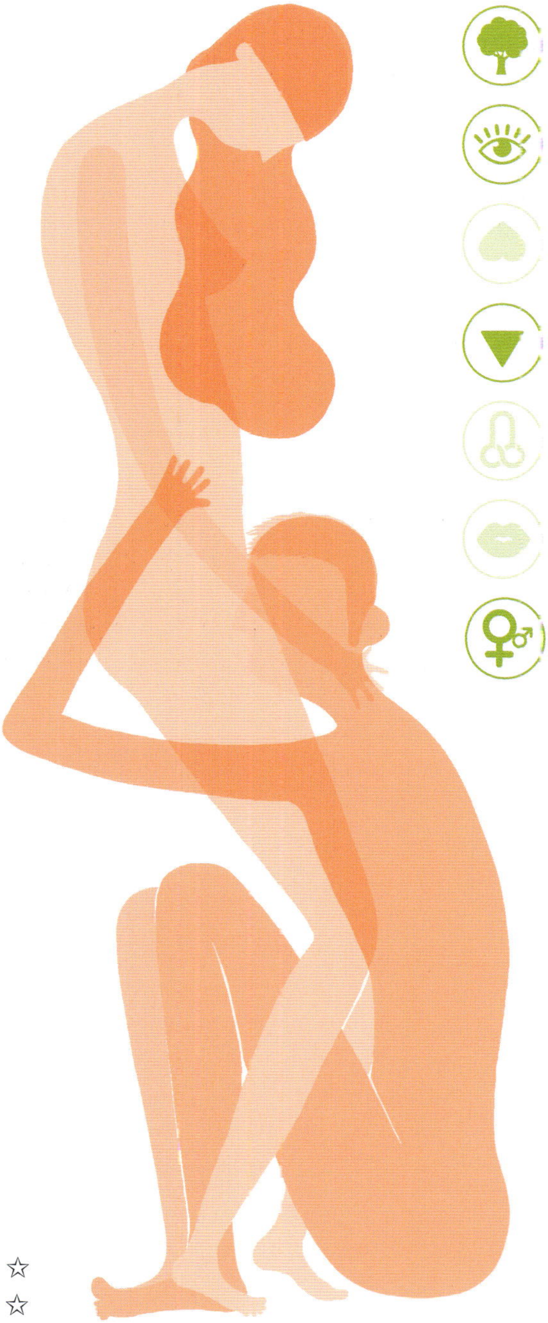

Jullie score: zij ☆ ☆ ☆ ☆ ☆
hij ☆ ☆ ☆ ☆ ☆

Het Blad

Deze positie kan dienen als voorspel of gebruikt worden in het heetst van de strijd. Ze veronderstelt een flinke dosis vertrouwen en overgave en staat garant voor heel wat genot.

Niet alle vrouwen vinden het fijn als hun intieme delen zo onverbloemd zichtbaar zijn. Maar de beloning is in dit geval even groot als het genomen risico. Terwijl ze op handen en voeten zit, als een gewillig vrouwtjesdier, geeft ze hem vrije en volledige toegang tot haar primaire erogene zones, waarbij hij naar hartenlust kan genieten van al dat heerlijks.

Variant Deze positie is ideaal voor de orale liefkozing die het Rozenblad heet, of met de wetenschappelijke benaming 'annulinctus'. Daarbij wordt de (vooraf gewassen) anus van de partner geprikkeld met het puntje van de tong. Deze verwennerij, op een verfijnde manier toegepast, is ronduit gekmakend!

Categorie: voorgerecht
Stimulatie bij haar: *****
Intensiteit: *****
Comfort: *****

Erogene zones bereikbaar voor haar:
Bij hem: geen
Bij haarzelf: moeilijk, tenzij ze op één hand steunt
Erogene zones bereikbaar voor hem:
Bij haar: billen, rug, dijen, buik, schaamheuvel, perineum, anus
Bij hemzelf: penis, scrotum

Geschiktste ondergrond: grond, bed
Aanbevolen duur: middellang
Eventuele attributen: kleine vibrator voor de anus of vagina
Intensieve positie: nee
Diepe penetratie: nee
Stimulatie g-spot: nee (behalve met een heel lange en heel sterke tong!)
Stimulatie clitoris: ja (tong)

Jullie score: zij ☆☆☆☆☆ hij ☆☆☆☆☆

De Jager

Een compromis tussen intensief en comfortabel, dominantie en beheerst liefkozen, een goede inleiding op fellatio.

Hij zit geknield op één knie terwijl het andere been gebogen is en neemt zo de typische schutterspositie aan, de houding van een vastberaden, dominante man.
Zij ligt op haar rug, met haar romp ietsje hoger, en steunt op haar onderarmen. In deze positie ontvangt ze op een passieve manier zijn geslachtsorgaan. Omdat ze weinig mogelijkheden heeft om naar achteren te bewegen, moet hij het ritme van de liefkozing zorgvuldig doseren, afgaand op de reacties van zijn partner. Hij voelt zich op-en-top dominant en beleeft alle waargenomen sensaties maximaal.

Extraatje

Als hij zijn andere knie op de grond zet en lichtjes zijn dijen laat zakken, kan de man zijn geslachtsorgaan tussen de borsten van de vrouw brengen en zichzelf trakteren op wat in de volksmond een 'Spaanse das' genoemd wordt: masturbatie tussen de borsten. Hij kan vanuit deze positie makkelijk teruggaan naar de mond die hij zojuist verlaten heeft.

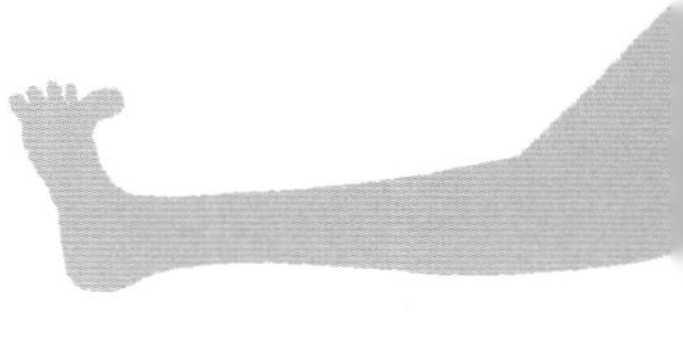

Categorie: **voorgerecht**
Stimulatie bij hem: ★★★★☆
Intensiteit: ★★★★☆
Comfort: ★★★☆☆

Erogene zones bereikbaar voor haar:
Bij hem: dijen, billen, scrotum, anus, schaamheuvel
Bij haarzelf: borsten, buik, schaamheuvel, clitoris
Erogene zones bereikbaar voor hem:
Bij haar: haren, gezicht, schouders, hals
Bij hemzelf: mond, borstkas, schaamheuvel, billen

Geschiktste ondergrond: grond, bed
Aanbevolen duur: middellang
Eventuele attributen: kleine vibrator of dildo voor haar
Intensieve positie: nee
Diepe penetratie: ja
Eikel omvat: ja
Schacht omvat: ja

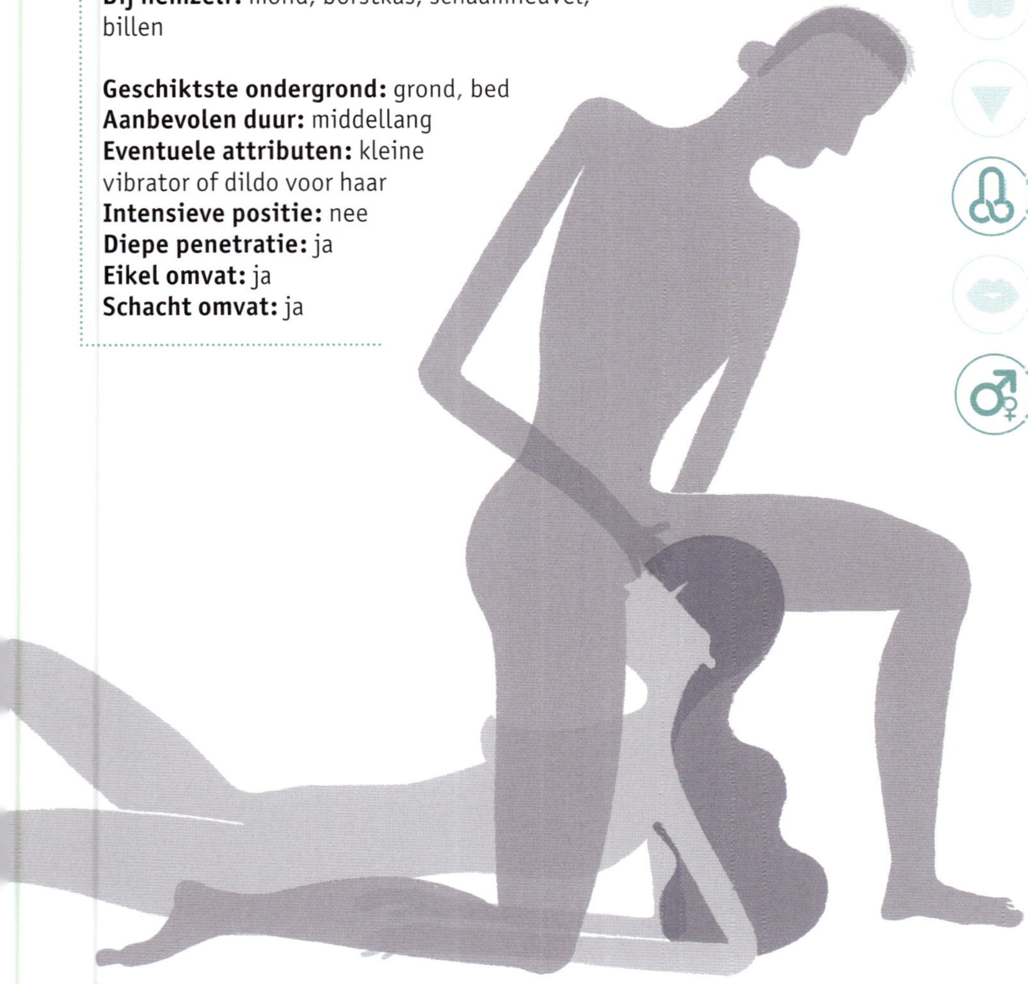

Jullie score: zij ☆ ☆ ☆ ☆ ☆ hij ☆ ☆ ☆ ☆ ☆

De Offerande

Een alternatief voor 69 met heerlijk gezamenlijk genot, waarbij zij uitgenodigd wordt zich volledig over te geven. Een van de favorieten om via cunnilingus tot een orgasme te komen.

De vrouw brengt letterlijk een offerande. Hoewel ze fysiek gezien het lichaam van haar geliefde domineert, biedt ze wel degelijk haar geslachtsorgaan aan hem aan!
Hij steunt met zijn hoofd en hals op een dik kussen en kan haar heel precies en langdurig liefkozen. Intussen kan zij zich overgeven aan de hemelse sensaties of het lichaam van haar partner liefkozen met haar borsten, mond of haren…
Let op: de vrouw mag haar dijen niet sluiten en haar vulva niet bruusk in het gezicht van haar partner duwen. Hij moet ervoor zorgen dat hij zijn armen aan weerszijden van haar dijen legt, zodat hij de bewegingen van haar bekken onder controle kan houden.

Plezier voor twee Zonder per se over te gaan naar een 69 kunnen de partners elkaar verwennen. De vrouw kan elke lik beantwoorden door telkens lichtjes met haar tong over de opgerichte eikel te gaan.

Categorie: voorgerecht
Stimulatie bij haar: ★★★★☆
Intensiteit: ★★★★☆
Comfort: ★★★★☆

Erogene zones bereikbaar voor haar:
Bij hem: dijen, perineum, scrotum, penis, schaamheuvel, buik, borstkas
Bij haarzelf: schaamheuvel, dijen, buik, borsten, mond
Erogene zones bereikbaar voor hem:
Bij haar: voeten, dijen, billen, anus, perineum, rug, borsten
Bij hemzelf: penis, scrotum, anus, schaamheuvel, buik

Geschiktste ondergrond: grond, bed
Aanbevolen duur: lang
Eventuele attributen: kleine vibrator voor de anus of vagina
Intensieve positie: nee
Diepe penetratie: nee
Stimulatie g-spot: nee (behalve met een heel lange en heel sterke tong!)
Stimulatie clitoris: ja (tong)

Jullie score: zij ☆☆☆☆☆ hij ☆☆☆☆☆

De Soezende

Een comfortabele positie die alle zintuigen wekt, de ideale manier om een vrijpartij te beginnen wanneer lichamen elkaar nog zoeken...

Je kunt je het tafereel zonder moeite voorstellen: jullie liggen languit in bed en ontwaken langzaam uit een lange siësta. Jullie handen en monden hebben elkaar al gevonden. Beetje bij beetje, zonder dat er woorden voor nodig zijn, voelen jullie dat het moment is aangebroken om over te gaan tot 'het echte werk'... maar jullie willen het langzaamaan doen.

Zij voelt graag het gewicht van zijn lichaam op haar, eerder dan dat ze het ziet en laat haar fantasie de vrije loop. Ondanks de beperkte penetratie is het gevoel van verrassing en dominantie voor hem bijzonder aangenaam.

Extraatje

Deze positie, minder dierlijk en spectaculair dan de Hazewind, is ideaal voor een initiatie in anale seks. Uiteraard moeten beiden er zin in hebben en moet de handeling heel voorzichtig uitgevoerd worden, maar hij heeft gemakkelijk toegang tot haar anus en door de beperkte bewegingsvrijheid is een heel langzame penetratie gegarandeerd.

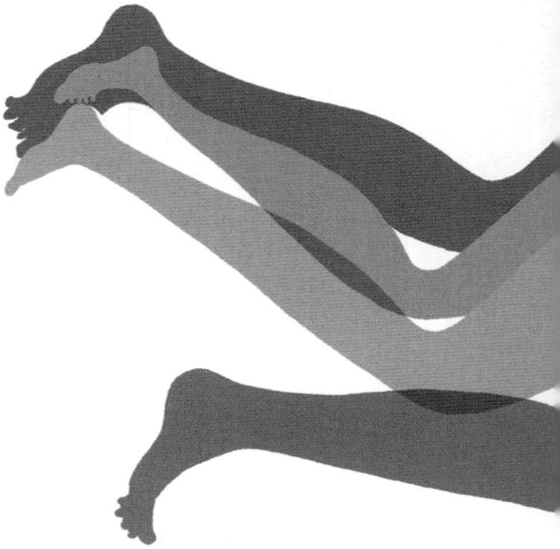

Categorie: voorgerecht
Stimulatie bij haar: ★★★☆☆
Stimulatie bij hem: ★★☆☆☆
Intensiteit: ★★☆☆☆
Comfort: ★★★★☆

Erogene zones bereikbaar voor haar:
Bij hem: gezicht, mond, haren
Bij haarzelf: gezicht, mond, haren
Erogene zones bereikbaar voor hem:
Bij haar: anus, billen, rug, schouders, hals, gezicht, mond, haren
Bij hemzelf: borstkas, gezicht, mond, haren

Geschiktste ondergrond: grond, bed
Aanbevolen duur: lang
Eventuele attributen: veer om de rug, schouders en hals te strelen
Intensieve positie: nee
Diepe penetratie: nee
Stimulatie g-spot: nee
Stimulatie clitoris: nee
Eikel omvat: ja
Schacht omvat: nee

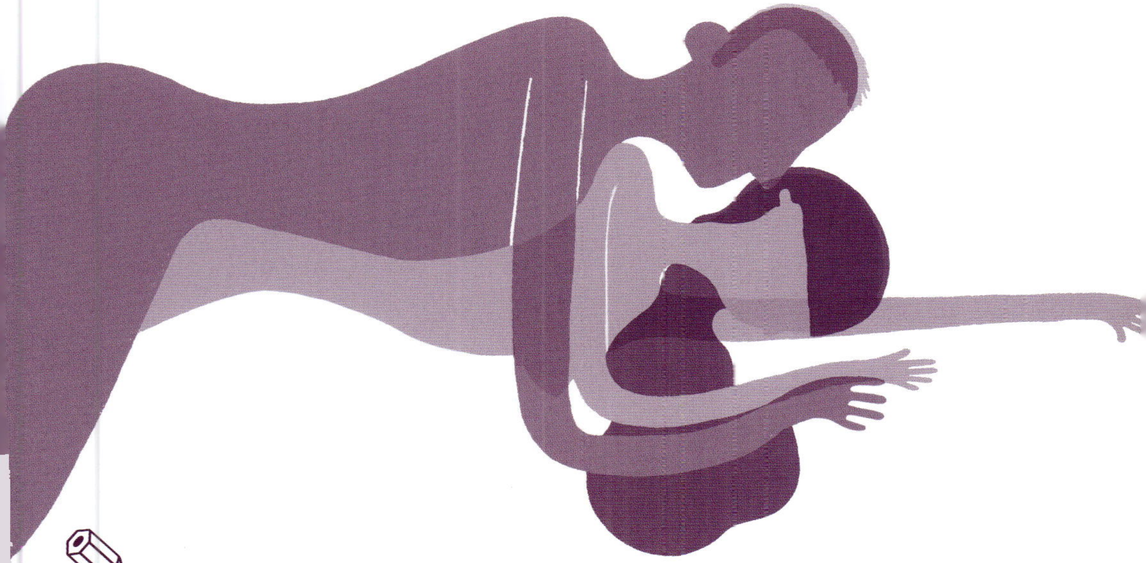

Jullie score: zij ☆ ☆ ☆ ☆ ☆ hij ☆ ☆ ☆ ☆ ☆

De Verrassing

Een heerlijke voorbode op een steviger vrijpartij, zwevend tussen luiheid en opwinding...

Deze positie is een bijna natuurlijk vervolg op de Soezende (blz. 48). Stel je het vervolg zo voor: nu haar zintuigen op scherp staan, draait zij haar hoofd en romp om haar geliefde te kunnen aankijken. Ze rust nu op haar zij. Haar geslachtsorgaan is gemakkelijker bereikbaar, waardoor haar partner haar met meer kracht kan penetreren. Die penetratie is nog steeds oppervlakkig, maar het oogcontact en de bereikbaarheid van andere erogene zones (borsten, gezicht) verhogen meteen de opwinding van beide partners.
Bij elke stoot voelt zij haar hele lichaam doorbuigen onder zijn gewicht, waarna het weer ontspant tijdens de terugtrekking. Zo ontstaat een golfbeweging.

Plezier voor twee Deze comfortabele houding kunnen jullie lang volhouden. Ideaal voor een spelletje dus! Doordat jullie je handen vrij hebben en jullie gezichten zich vrij dicht bij elkaar bevinden, kunnen jullie bijvoorbeeld om beurten elkaars vingers likken.

Categorie: voorgerecht
Stimulatie bij haar: ★★★☆☆
Stimulatie bij hem: ★★★☆☆
Intensiteit: ★★☆☆☆
Comfort: ★★★★☆

Erogene zones bereikbaar voor haar:
Bij hem: buik, borstkas, gezicht, mond, haren
Bij haarzelf: gezicht, mond, haren, borsten, buik, schaamheuvel
Erogene zones bereikbaar voor hem:
Bij haar: anus, billen, rug, schouders, borsten, gezicht, mond, haren
Bij hemzelf: borstkas, gezicht, mond, haren

Geschiktste ondergrond: bed
Aanbevolen duur: lang
Eventuele attributen: veer om de borsten of de buik te strelen
Intensieve positie: nee
Diepe penetratie: nee
Stimulatie g-spot: nee
Stimulatie clitoris: nee
Eikel omvat: ja
Schacht omvat: nee

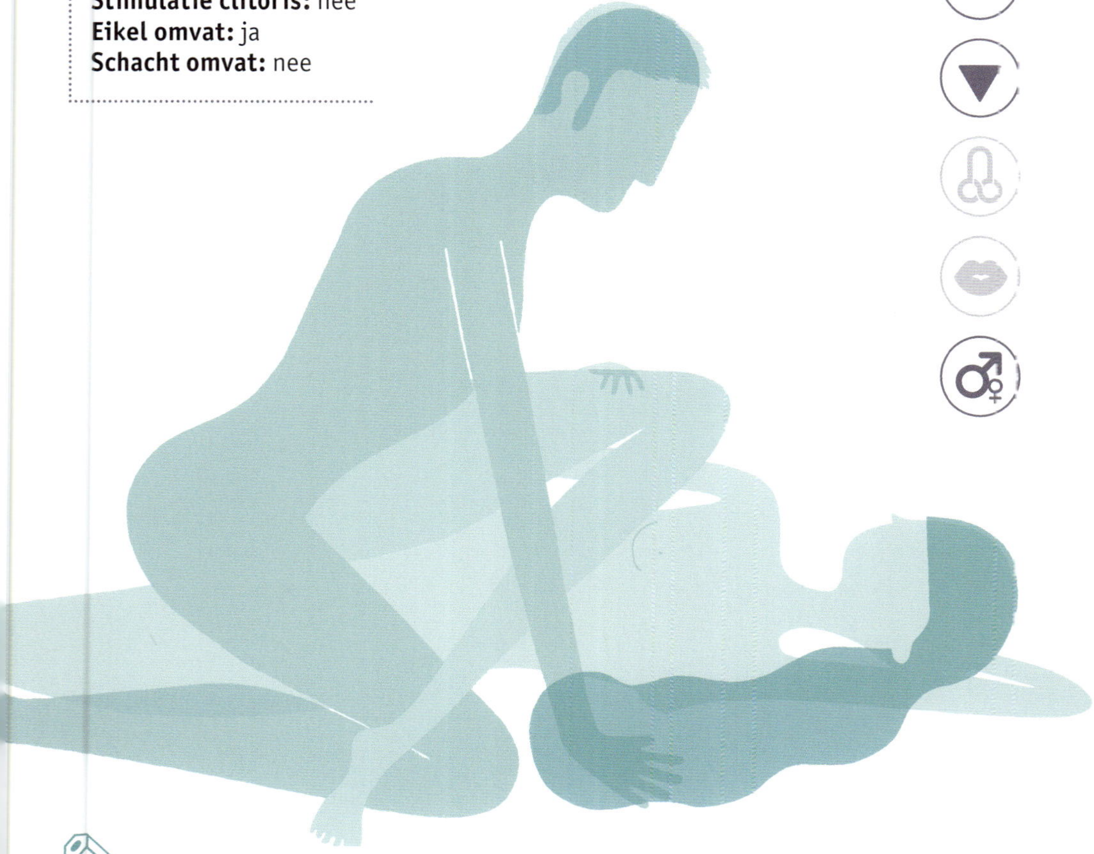

Jullie score: zij ☆ ☆ ☆ ☆ ☆ hij ☆ ☆ ☆ ☆ ☆

De Boom

Half rechtop en minder heftig vormt dit standje een afgeleide van de Soezende met heel wat interessante varianten...

De Boom verdoezelt grotendeels de gebreken van opwekkende erotische posities zoals de Soezende (blz. 48) of de Verrassing (blz. 50) met een beperkte bereikbaarheid van de vrouwelijke erogene zones. Terwijl de vrouw op haar knieën zit, zijn haar borstkas en bekken vrij en bereikbaar voor de gretige handen van haar partner. De speelruimte waarover hij beschikt is belangrijk. Hij kan haar borsten strelen en/of haar clitoris stimuleren.
Jullie gezichten zijn dicht bij elkaar en in deze houding kan de man in het oor van zijn geliefde fluisteren. Ideale omstandigheden om wat pikante taal uit te testen!

Variant Omdat de penis in deze houding niet zo gemakkelijk ingebracht kan worden, is de Hazewind (blz. 80) een geschikt en prettig voorafje. Begin daarom met een kortdurende Hazewind om de penetratie te vergemakkelijken, schakel dan over op de Boom en keer terug naar de Hazewind wanneer de opwinding haar hoogtepunt bereikt.

Categorie: voorgerecht
Stimulatie bij haar: ★★☆☆☆
Stimulatie bij hem: ★☆☆☆☆
Intensiteit: ★☆☆☆☆
Comfort: ★★★☆☆

Erogene zones bereikbaar voor haar:
Bij hem: gezicht, mond, haren
Bij haarzelf: gezicht, mond, haren, borsten, buik, clitoris
Erogene zones bereikbaar voor hem:
Bij haar: billen, buik, schaamheuvel, clitoris, rug, schouders, borsten, gezicht, mond, haren, perineum, anus
Bij hemzelf: schaamheuvel, buik, borstkas, gezicht, mond, haren

Geschiktste ondergrond: bed, grond (met een kussen onder de knieën)
Aanbevolen duur: kort tot middellang
Eventuele attributen: kleine vibrator voor de clitoris
Intensieve positie: nee
Diepe penetratie: nee
Stimulatie g-spot: nee
Stimulatie clitoris: nee (tenzij met de hand of een vibrator)
Eikel omvat: ja
Schacht omvat: nee

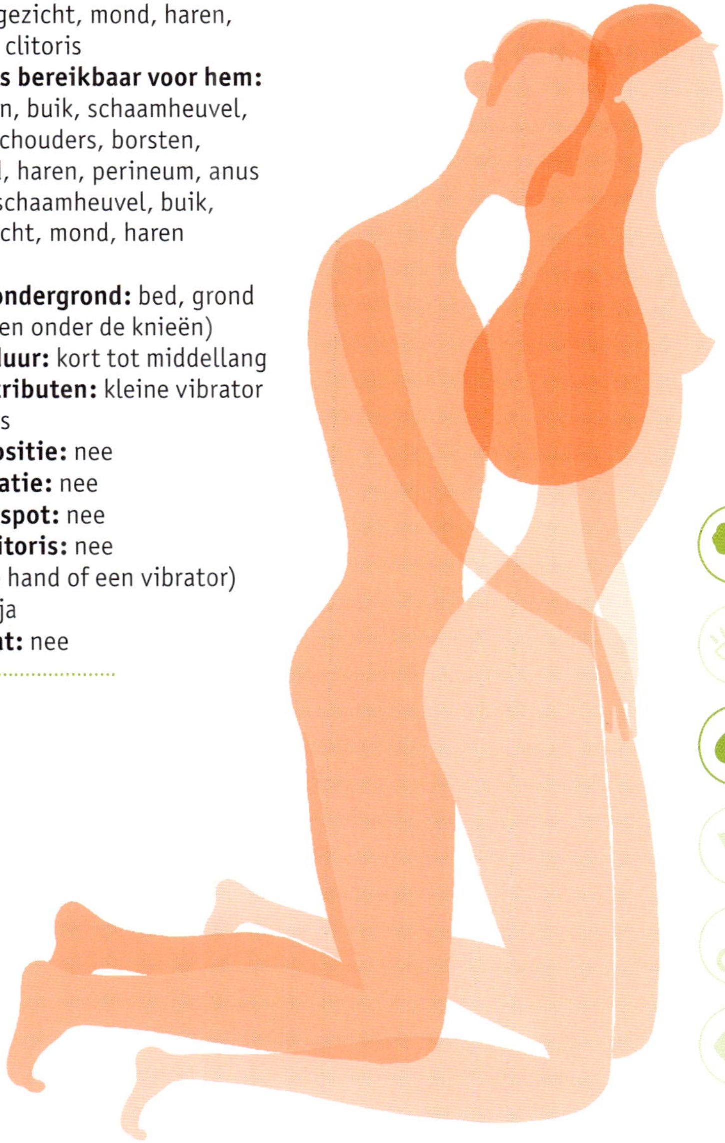

Jullie score: zij ☆ ☆ ☆ ☆ ☆ hij ☆ ☆ ☆ ☆ ☆

De Bamboe

Deze positie, even trots en langgerekt als de plant waaraan ze haar naam dankt, leent zich uitstekend voor een onverwachte stoeipartij...

Een geïmproviseerd moment na het douchen of net voor het aankleden. Zij wordt onverwacht genomen door haar geliefde en kan zich in zijn armen nestelen, zich zalig overgeven aan zijn begeerde lichaamswarmte en aan zijn handen, die over haar lichaam dwalen. Het is bijna een positie waarin het lichaam van de vrouw een volledige massage krijgt door dat van de man dan een coïtushouding in strikte zin. Met gesloten ogen kunnen de geliefden zich overgeven aan een kleine evenwichtsoefening.

Extraatje

Terwijl hij nog steeds in haar is, kan hij haar langzaam naar het bed brengen. Daar gooit hij haar met een stevige (maar niet bruuske) duw in haar lenden op de matras, waarna hij meteen bij haar gaat liggen.

Categorie: voorgerecht
Stimulatie bij haar: ★★☆☆☆
Stimulatie bij hem: ★★☆☆☆
Intensiteit: ★☆☆☆☆
Comfort: ★☆☆☆☆

Erogene zones bereikbaar voor haar:
Bij hem: mond, gezicht, haren
Bij haarzelf: gezicht, mond, haren, borsten, buik, schaamheuvel, clitoris
Erogene zones bereikbaar voor hem:
Bij haar: billen, buik, schaamheuvel, clitoris, rug, schouders, borsten, gezicht, mond, haren
Bij hemzelf: schaamheuvel, buik, borstkas, gezicht, mond, haren

Geschiktste ondergrond: grond
Aanbevolen duur: kort tot middellang
Eventuele attributen: geen
Intensieve positie: nee
Diepe penetratie: nee
Stimulatie g-spot: nee
Stimulatie clitoris: nee (tenzij met de hand)
Eikel omvat: ja
Schacht omvat: nee

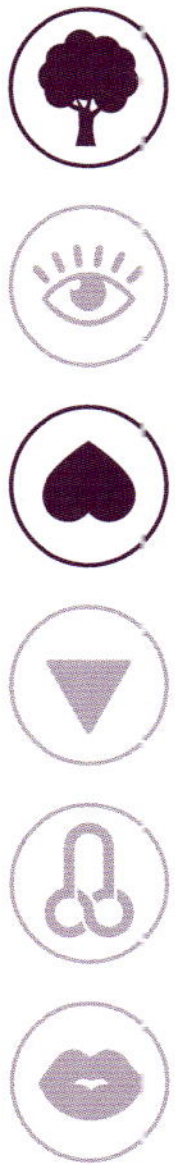

Jullie score: zij ☆ ☆ ☆ ☆ ☆
hij ☆ ☆ ☆ ☆ ☆

De Hongerige

Een overgangspositie die eerder geschikt is om jullie verlangen uit te drukken dan om het genot te verhogen. Ideaal voor een vurig begin.

De nood is hoog, het verlangen niet te negeren. Daar zitten jullie dan, tegenover elkaar geknield op het bed. Plotseling storten jullie je als twee onhandige dieren op elkaar. De Hongerige drukt de tedere honger uit die de geliefden naar elkaar hebben. Zijn opgerichte penis in haar vagina brengen is bijna een risico voor hem, maar het interessante van deze positie is de vurige samensmelting van de tegen elkaar geplakte lichamen. Weinig andere posities maken hunkerende kussen zo goed mogelijk.

Variant Als hij zijn bekken een beetje lager brengt en zijn billen bijna op zijn hielen laat rusten, kan zijn opgerichte penis gemakkelijker penetreren. Afhankelijk van de afmetingen van beide geliefden behoort zelfs een stimulatie van de g-spot tot de mogelijkheden.

Categorie: voorgerecht
Stimulatie bij haar: *****
Stimulatie bij hem: *****
Intensiteit: *****
Comfort: *****

Erogene zones bereikbaar voor haar:
Bij hem: gezicht, mond, haren
Bij haarzelf: gezicht, mond, haren, borsten, buik, schaamheuvel, clitoris
Erogene zones bereikbaar voor hem:
Bij haar: billen, buik, schaamheuvel, clitoris, rug, schouders, borsten, gezicht, mond, haren
Bij hemzelf: schaamheuvel, buik, borstkas, gezicht, mond, haren

Geschiktste ondergrond: grond
Aanbevolen duur: kort
Eventuele attributen: vibrerende ring (stelt de ejaculatie uit en stimuleert de clitoris)
Intensieve positie: nee
Diepe penetratie: ja
Stimulatie g-spot: nee (tenzij jullie een geschiktere hoek ten opzichte van elkaar vinden)
Stimulatie clitoris: ja (basis van de penis en schaamheuvel)
Eikel omvat: ja
Schacht omvat: ja

Jullie score: zij ☆ ☆ ☆ ☆ ☆ hij ☆ ☆ ☆ ☆ ☆

De Amazone

Een positie vol verrassingen: ze ziet eruit als een eenvoudig voorgerecht, maar met de sensaties van een stevig hoofdgerecht!

De naam zaait vaak verwarring: deze positie wordt vaak verward met het zogenoemde Paard (zie blz. 86). Ook hier berijdt zij haar partner, en wel op de specifieke manier zoals vrouwen tot het begin van de twintigste eeuw paardreden, met beide benen samen aan één kant van hun rijdier. Hetzelfde geldt voor onze Amazone: ze zit dwars op het lid van haar liggende partner.
Zij houdt de situatie onder controle en oefent een lichte rolbeweging uit om de wanden van haar vagina te masseren of ze spreidt haar dijen om een diepere penetratie mogelijk te maken.

Extraatje

De Amazone is volledig gericht op haar genot en biedt haar de gelegenheid om vrij met haar lichaam te spelen terwijl hij, letterlijk aan het bed gekluisterd, alles alleen maar kan ondergaan. Ze kan haar borsten en clitoris strelen of zelfs zachtjes zijn scrotum beetpakken.

Categorie: hoofdgerecht
Stimulatie bij haar: ★★★★☆
Stimulatie bij hem: ★★★☆☆
Intensiteit: ★★★☆☆
Comfort: ★★★★★

Erogene zones bereikbaar voor haar:
Bij hem: borstkas, buik, schaamheuvel, scrotum, anus, dijen
Bij haarzelf: mond, borsten, buik, schaamheuvel, dijen, clitoris
Erogene zones bereikbaar voor hem:
Bij haar: borsten, buik, schaamheuvel, clitoris, billen
Bij hemzelf: gezicht, mond, borstkas, schaamheuvel

Geschiktste ondergrond: grond, bed
Aanbevolen duur: lang
Eventuele attributen: kleine vibrator voor de clitoris
Intensieve positie: nee
Diepe penetratie: ja
Stimulatie g-spot: ja (afhankelijk van de hoek en de sterkte van de rolbeweging)
Stimulatie clitoris: nee (tenzij met de hand of een vibrator)
Eikel omvat: ja
Schacht omvat: ja

Jullie score: zij ☆ ☆ ☆ ☆ ☆
hij ☆ ☆ ☆ ☆ ☆

De Missionaris

De Missionaris is zo ongeveer het abc van de seksualiteit. Een basisbeginsel, maar ook het begin van een groot avontuur...

Iedereen die al een keer de liefde heeft bedreven, ook al was het maar één keer, kent de zogenoemde Missionarishouding. In onze contreien zou dit tegenwoordig de houding zijn die geliefden het vaakst spontaan aannemen, niet het minst door de vele voordelen die ze biedt: ze is eenvoudig, de penetratie verloopt gemakkelijk, er is oogcontact, de geliefden kunnen elkaar kussen en strelen... Zoals elke multifunctionele tool beperkt deze houding, waarbij veel mogelijk is, ook de sensaties. Gelukkig is dit ook de positie met de meeste afgeleiden (zie bv. de Verliefde, blz. 62 of het Doosje, blz. 154).

Anekdote

Tijdens de Franse en Belgische kolonisatie van Afrika en Zuidoost-Azië in de negentiende eeuw, waren de vele priesters die in allerijl ter plaatse waren gestuurd om de lokale bevolking te bekeren, geschokt door de intieme handelingen die in de verafgelegen gebieden in zwang waren en waarbij vaak de voorkeur werd gegeven aan posities *a tergo* (van achteren). De missionarissen vonden die houdingen beestachtig en maanden hun nieuwe volgelingen aan om de Europese standaard te volgen op het gebied van seksualiteit, namelijk de positie waarbij de man op de vrouw ligt; de 'missionarishouding' dus.

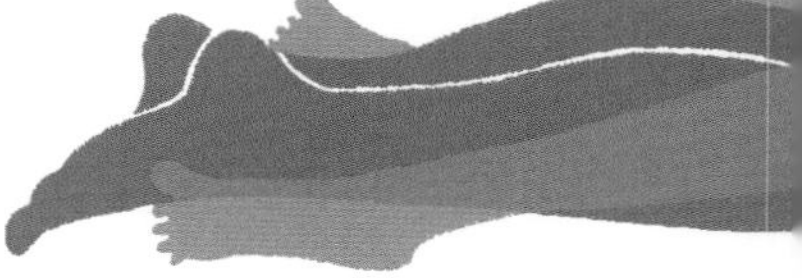

Categorie: hoofdgerecht
Stimulatie bij haar: ★★★☆☆
Stimulatie bij hem: ★★★☆☆
Intensiteit: ★★☆☆☆
Comfort: ★★★★★

Erogene zones bereikbaar voor haar:
Bij hem: gezicht, mond, borstkas, buik, schaamheuvel, billen, anus, dijen
Bij haarzelf: mond, borsten, buik
Erogene zones bereikbaar voor hem:
Bij haar: gezicht, mond, borsten
Bij hemzelf: gezicht, mond

Geschiktste ondergrond: grond, bed
Aanbevolen duur: middellang tot lang
Eventuele attributen: vibrerende ring (stelt de ejaculatie uit en stimuleert de clitoris)
Intensieve positie: nee
Diepe penetratie: nee
Stimulatie g-spot: nee (tenzij door een specifieke beweging)
Stimulatie clitoris: ja (basis van de penis en schaamheuvel, afhankelijk van de hoek)
Eikel omvat: ja
Schacht omvat: nee

Jullie score: zij ☆ ☆ ☆ ☆ ☆ hij ☆ ☆ ☆ ☆ ☆

De Verliefde

Als de Missionaris het abc van seks is, kunnen we de Verliefde beschouwen als de eerste volzin.

Soms heb je niet veel nodig om een op het eerste gezicht 'softe' houding om te vormen tot een intense omhelzing. Voor deze heel populaire variant van de Missionaris hoeft de vrouw, die onder het lichaam van haar geliefde ligt, alleen maar haar bekken naar voren te kantelen, haar dijen ver open te spreiden en haar benen over elkaar te kruisen op de rug van haar partner.
Terwijl ze zo aan hem vastgeklampt is, bepaalt zij het ritme. Zijn stoten en haar bekkenbewegingen vullen elkaar prima aan. Als antwoord op haar benen die hem omklemmen, kan hij haar schouders en nek vasthouden. Het gevoel van erotische versmelting is op die manier maximaal.

Plezier voor twee Omdat zij letterlijk door hem gevangengehouden wordt, kan het leuk zijn om als intermezzo een kleine uitdaging aan te gaan: zij klemt haar benen nog steviger rondom hem, als een bankschroef, en hij probeert zich los te maken door zijwaartse schommelbewegingen. Uiteraard hoopt hij maar op één ding: niet loskomen!

Categorie: hoofdgerecht
Stimulatie bij haar: ★★★★☆
Stimulatie bij hem: ★★★★☆
Intensiteit: ★★★★☆
Comfort: ★★★★☆

Erogene zones bereikbaar voor haar:
Bij hem: gezicht, mond, oren, borstkas, buik, schaamheuvel, billen, anus, dijen
Bij haarzelf: haren, gezicht, mond
Erogene zones bereikbaar voor hem:
Bij haar: gezicht, mond, oren, haren
Bij hemzelf: gezicht, mond

Geschiktste ondergrond: bed, grond
Aanbevolen duur: middellang tot lang
Eventuele attributen: geen
Intensieve positie: ja
Diepe penetratie: ja
Stimulatie g-spot: nee (tenzij door een specifieke beweging)
Stimulatie clitoris: ja (basis van de penis en schaamheuvel, afhankelijk van de hoek)
Eikel omvat: ja
Schacht omvat: ja

Jullie score: zij ☆ ☆ ☆ ☆ ☆ hij ☆ ☆ ☆ ☆ ☆

Het Gebed

Het Gebed is een houding van toewijding en samensmelting, een vurig eerbetoon van hem aan haar.

Dit is vooral een comfortabele houding. De penetratie verloopt gemakkelijk en is min of meer diep, afhankelijk van het feit of de vrouw haar voeten op de grond zet of haar benen optilt.
Hoewel hij zich in een bijna religieuze houding over zijn partner heen buigt, behoudt hij heel precies de controle over zijn penetratie. Het is aan haar om haar geliefde te leiden, hetzij met verbale aanmoedigingen ('harder', 'hoger', 'dieper'...), hetzij door zijn lenden of billen vast te grijpen. Hij speelt hier weliswaar een heel actieve rol, maar staat de hele tijd ten dienste van zijn godin.
Als hij zijn knieën een beetje buigt, kan hij met de bovenkant van de eikel haar g-spot stimuleren.
Let op: omdat bij deze houding de penis over de totale lengte gemasseerd wordt, is ze niet aan te raden voor mannen die snel ejaculeren.

Anekdote

Een van de grootste klassiekers uit de Chinese erotische literatuur dateert uit de zeventiende eeuw en kreeg als titel *Het vlees als gebedstapijt*. Het boek vertelt het verhaal van een man die door erotische ervaringen spirituele extase zoekt. Het Gebed refereert aan die ijverige zoektocht door de houding van de man, die zich als het ware vol adoratie over zijn partner heen buigt.

Categorie: **hoofdgerecht**
Stimulatie bij haar: ★★★★☆
Intensiteit: ★★★★☆
Stimulatie bij hem: ★★★★★
Comfort: ★★★★☆

Erogene zones bereikbaar voor haar:
Bij hem: gezicht, mond, oren, borstkas, buik, billen
Bij haarzelf: haren, gezicht, mond, borsten, buik, schaamheuvel, clitoris
Erogene zones bereikbaar voor hem:
Bij haar: gezicht, mond, oren, borsten, buik, schaamheuvel, clitoris
Bij hemzelf: gezicht, mond, borstkas

Geschiktste ondergrond: bed dat ietsje hoger staat (30-40 cm van de grond)
Aanbevolen duur: kort tot middellang
Eventuele attributen: vibrerende ring (stelt de ejaculatie uit en stimuleert de clitoris)
Intensieve positie: ja
Diepe penetratie: ja
Stimulatie g-spot: ja (afhankelijk van de hoek)
Stimulatie clitoris: ja (basis van de penis en schaamheuvel, afhankelijk van de hoek)
Eikel omvat: ja
Schacht omvat: ja

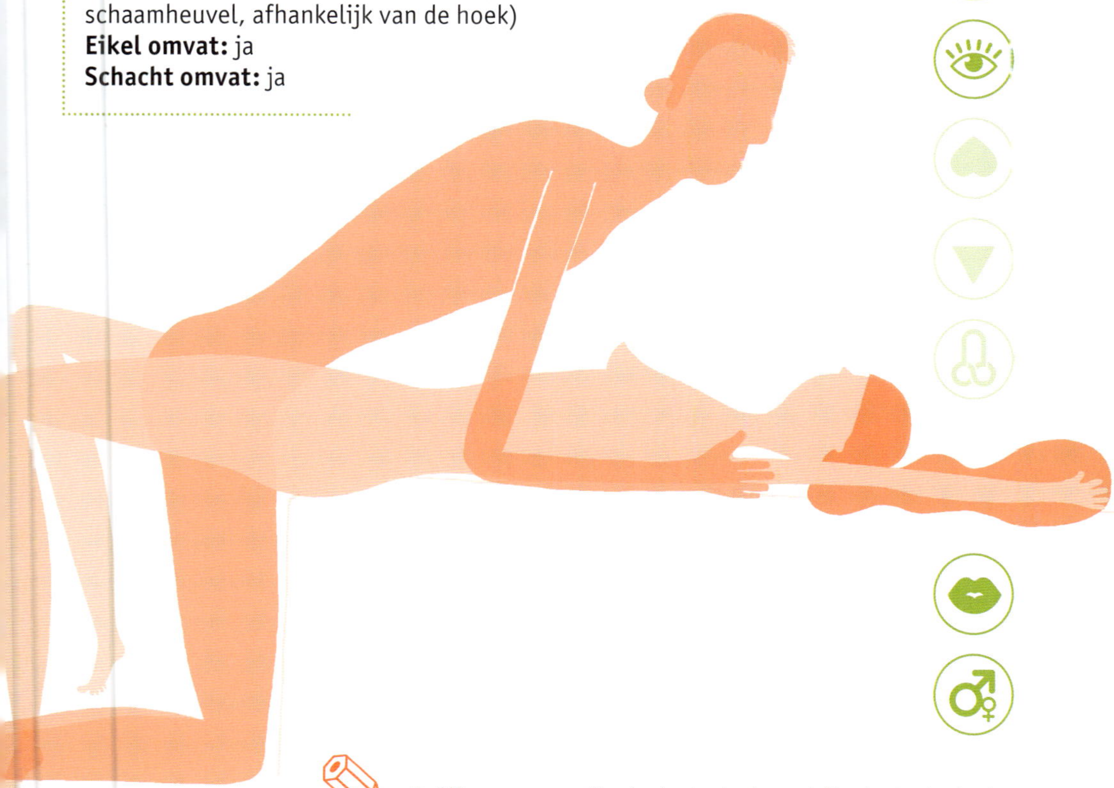

Jullie score: zij ☆ ☆ ☆ ☆ ☆ hij ☆ ☆ ☆ ☆ ☆

De Kikker

Zoals een pad erop wacht om te veranderen in een prins, streeft de Kikker ernaar om een echte liefdesgodin te worden!

De Kikker is een van die pareltjes die al te vaak verwaarloosd worden. Onthoud dat deze positie alleen geschikt is voor vrouwen tot gemiddelde afmetingen, omdat hun volledige gewicht op de dijen van hun partner zal rusten. De man houdt zijn geliefde vast met zijn armen en kan voor een aangename stootbeweging zorgen.
Hij kan naar hartenlust haar heupen, borsten, dijen en buik betasten. De Kikker is op-en-top gericht op vrouwelijk genot. Bij een diepe penetratie worden de g-spot en de aanzet van de clitoris gestimuleerd, wat een bijna volmaakte combinatie is. Ideaal voor een langzame klim naar genot.

Extraatje

Als zij dit een lekkere houding vindt, kan die nog een beetje extra gekruid worden. Daarvoor spreidt ze haar dijen ver open en liefkoost ze haar clitoris zoals wanneer ze alleen is. Beter nog, zet aan het voeteneinde van het bed een spiegel zodat hij kan meegenieten van het schouwspel.

Categorie: hoofdgerecht
Stimulatie bij haar: *****
Stimulatie bij hem: *****
Intensiteit: *****
Comfort: *****

Erogene zones bereikbaar voor haar:
Bij hem: dijen
Bij haarzelf: haren, gezicht, mond, borsten, buik, dijen, schaamheuvel, clitoris
Erogene zones bereikbaar voor hem:
Bij haar: gezicht, mond, nek, oren, borsten, buik, schaamheuvel, dijen, clitoris
Bij hemzelf: gezicht, mond, borstkas

Geschiktste ondergrond: bed
Aanbevolen duur: middellang
Eventuele attributen: kleine vibrator voor de clitoris
Intensieve positie: nee
Diepe penetratie: ja
Stimulatie g-spot: ja
Stimulatie clitoris: nee (tenzij met de hand of een vibrator)
Eikel omvat: ja
Schacht omvat: ja

Jullie score: zij ☆ ☆ ☆ ☆ ☆ hij ☆ ☆ ☆ ☆ ☆

De Tête-à-tête

Een positie om op adem te komen en het vuur brandend te houden… voordat jullie verder in de aanval gaan!

Waren de geslachtsorganen niet in elkaar verstrengeld, dan zou dit op een gewoon gesprek lijken. Al te vaak maken koppels die tijdens het vrijen een korte pauze nodig hebben zich los van elkaar, waardoor de opwinding wegebt. Met de Tête-à-tête kunnen jullie een rustpauze inlassen en tegelijk het vuur dat jullie naar elkaar toe dreef brandend houden. Profiteer van dit rustige moment om te praten, te kussen, te strelen…
Deze houding is niet een van de gemakkelijkste en vereist een zekere lenigheid. De penetratie is broos en niet diep: bij de geringste bruuske beweging van de onderlichamen is ze algauw zoek!

Plezier voor twee Deze houding biedt de nodige tijd en gelegenheid voor een spelletje. Je kunt de borstkas van je partner gemakkelijk aanraken. Knijp in, rol of trek om beurten aan een van zijn of haar tepels. Doe dat steeds intenser, tot een van beiden zich overgeeft.

Categorie: hoofdgerecht
Stimulatie bij haar: ★★☆☆☆
Stimulatie bij hem: ★★☆☆☆
Intensiteit: ★★☆☆☆
Comfort: ★★☆☆☆

Erogene zones bereikbaar voor haar:
Bij hem: dijen, rug, schouders, mond, nek, oren, borstkas, gezicht, buik, schaamheuvel
Bij haarzelf: haren, gezicht, mond, borsten, buik, dijen, schaamheuvel, clitoris
Erogene zones bereikbaar voor hem:
Bij haar: gezicht, mond, nek, oren, borsten, buik, schaamheuvel, dijen, clitoris
Bij hemzelf: gezicht, mond, borstkas

Geschiktste ondergrond: grond, bed
Aanbevolen duur: kort
Eventuele attributen: attribuut voor tepelstimulatie (klemmen); vibrerende ring (stelt de ejaculatie uit en stimuleert de clitoris)
Intensieve positie: nee
Diepe penetratie: nee
Stimulatie g-spot: nee
Stimulatie clitoris: nee (tenzij met de hand)
Eikel omvat: ja
Schacht omvat: nee

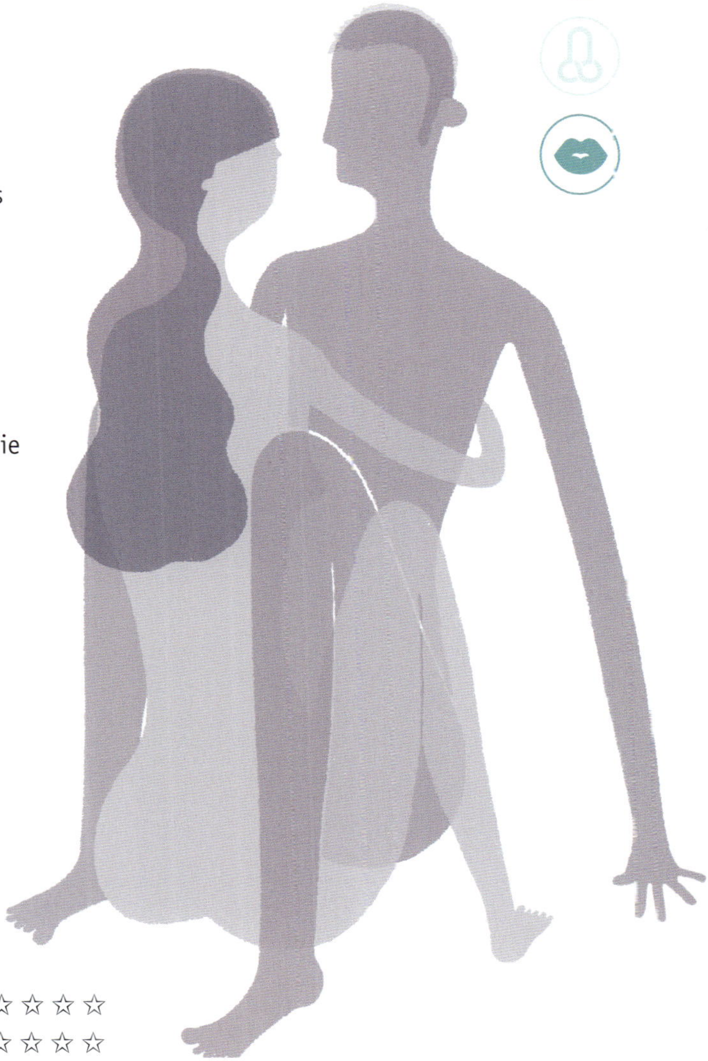

Jullie score: zij ☆☆☆☆☆
hij ☆☆☆☆☆

De Deinende Boot

Hij is de vurige kapitein, zij is de boot die op de ontketende golven deint. Iedereen aan boord!

Dit is vermoedelijk een van de intensiefste houdingen uit dit boek. De uitvoering ervan is eenvoudig: de vrouw gaat liggen en trekt haar benen naar haar buik toe terwijl de man, die tussen haar benen ligt, haar beide enkels vastpakt. Op die manier klampt hij zich vast aan de reling en houdt hij de volledige controle over de bewegingen door haar benen ver open te spreiden voor diepere penetratiebewegingen of door ze naar haar borstkas te brengen om haar g-spot te stimuleren. Hij kan er ook mee sturen als met een roer door ze naar voren en achteren te bewegen of van bakboord naar stuurboord.
Kijk wel uit, heren, dat jullie je geliefde niet wild in alle richtingen sturen als een boot in zwaar weer!

Variant Bij een iets acrobatischer versie van de Deinende Boot trekt zij haar benen nog hoger op tot haar knieën op haar borstkas rusten, zodat haar lenden loskomen van het bed. Ze wordt dan als het ware een levende tuimelaar die hij naar hartenlust kan laten schommelen om zijn penetratie te variëren.

Categorie: hoofdgerecht
Stimulatie bij haar: *****
Stimulatie bij hem: *****
Intensiteit: *****
Comfort: *****

Erogene zones bereikbaar voor haar:
Bij hem: geen
Bij haarzelf: haren, gezicht, mond, borsten, buik, schaamheuvel, clitoris
Erogene zones bereikbaar voor hem:
Bij haar: geen (omdat hij haar enkels vasthoudt)
Bij hemzelf: geen

Geschiktste ondergrond: bed
Aanbevolen duur: middellang
Eventuele attributen: vibrerende ring (stelt de ejaculatie uit en stimuleert de clitoris)
Intensieve positie: ja
Diepe penetratie: ja
Stimulatie g-spot: ja (afhankelijk van de hoek)
Stimulatie clitoris: nee (tenzij met de hand)
Eikel omvat: ja
Schacht omvat: ja

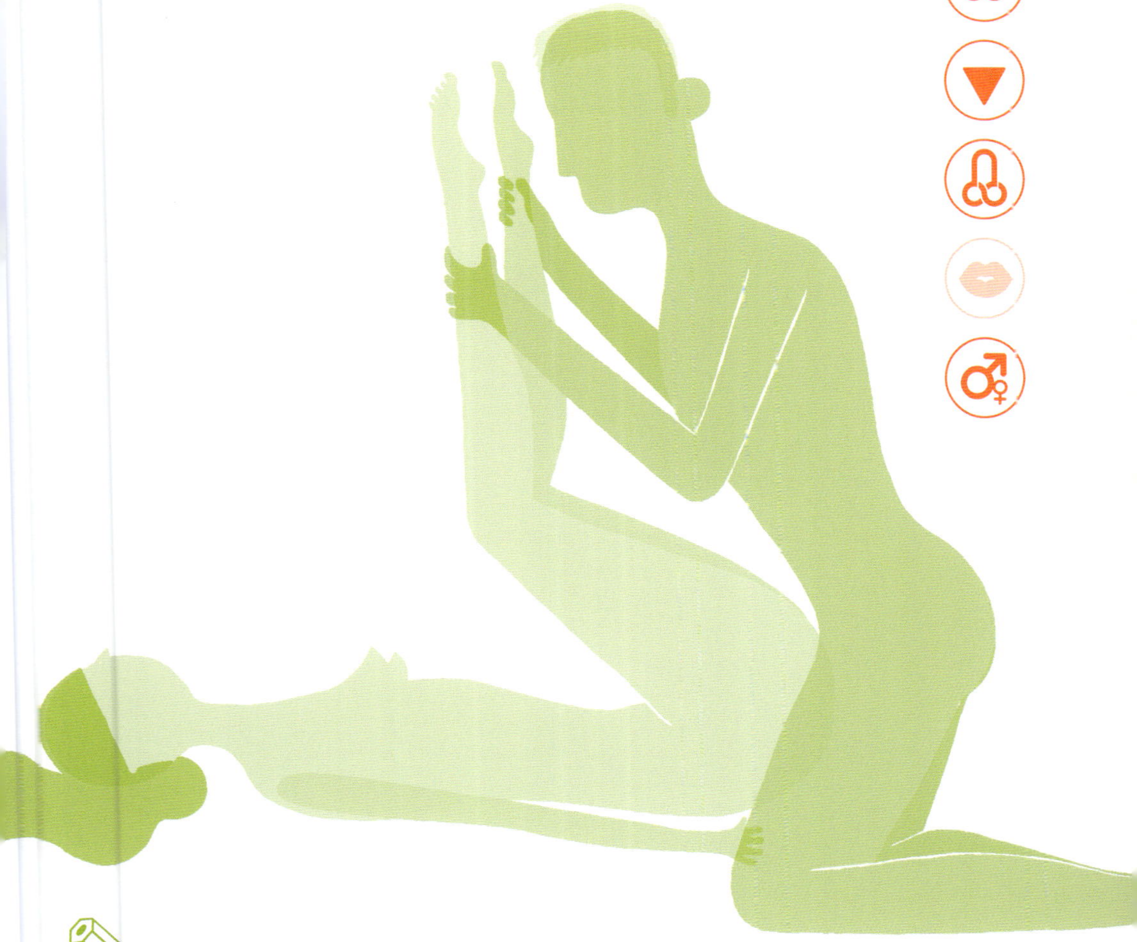

Jullie score: zij ☆ ☆ ☆ ☆ ☆ hij ☆ ☆ ☆ ☆ ☆

De Hiëroglief

Deze elegante houding, even mooi als Egyptisch schrift of bas-reliëf, is een ode aan de lieflijke samensmelting van twee geliefden.

Al bij de eerste oogopslag vallen de symmetrie en schoonheid van deze houding op. Toegegeven, ze is niet eenvoudig uit te voeren en niet een van de comfortabelste om lang aan te houden. Bovendien vereist ze een heel stevige ondergrond, waardoor het bed dus geen optie is. Doordat de knieën gebogen zijn, verloopt de penetratie gemakkelijk en is ze niet diep. Jullie worden overweldigd door een zoete sensatie van samensmelting en volledigheid, geaccentueerd door de heel intense verstrengeling van jullie lichamen.

Plezier voor één Doordat de schaamheuvels heel dicht tegen elkaar aan geduwd worden, kan zij proberen om haar bekken naar voren te duwen en haar clitoris tegen zijn onderbuik te wrijven, wat voor extra genot kan zorgen.

Categorie: hoofdgerecht
Stimulatie bij haar: ****
Stimulatie bij hem: *****
Intensiteit: *****
Comfort: *****

Erogene zones bereikbaar voor haar:
Bij hem: gezicht, mond, haren, hals, schouders, borstkas, billen, rug
Bij haarzelf: haren, gezicht, mond, borsten
Erogene zones bereikbaar voor hem:
Bij haar: gezicht, mond, haren, hals, schouders, borsten, billen, rug
Bij hemzelf: haren, gezicht, mond, borstkas

Geschiktste ondergrond: stevige ondergrond
Aanbevolen duur: kort tot middellang
Eventuele attributen: veer, massagetoestel of plumeau om de hals, rug of borst van de partner te strelen; vibrerende ring (stelt de ejaculatie uit en stimuleert de clitoris)
Intensieve positie: nee
Diepe penetratie: nee
Stimulatie g-spot: nee
Stimulatie clitoris: ja (basis van de penis en schaamheuvel, afhankelijk van de hoek)
Eikel omvat: ja
Schacht omvat: nee

Jullie score: zij ☆ ☆ ☆ ☆ ☆ hij ☆ ☆ ☆ ☆ ☆

De Brug

Deze positie ontstaat eerder spontaan dan gepland en wordt vooral gewaardeerd om het dringende, kwetsbare gevoel dat ze beide geliefden schenkt.

Alleen bij de aanblik ervan krijgen sommigen al rugpijn! Wees gerust, deze ietwat acrobatische positie is niet bedoeld voor elke vrijpartij of om langdurig vol te houden.

Ze vereist uiteraard een zekere lenigheid van de vrouw, die zodra het oncomfortabel aanvoelt haar benen een beetje verder kan spreiden zodat haar bekken dichter bij de grond komt. De man, die stevig vastgeklonken zit aan haar, kan eventueel zijn benen buigen, maar ook het ritme aangeven met zijn lenden. Heren, let op dat jullie je niet volledig laten meeslepen om te voorkomen dat jullie partner valt!

Variant Elke steun, zelfs een lage, kan deze acrobatische houding comfortabeler maken en aangename varianten opleveren. Afhankelijk van de nabijheid, de afmetingen en de hoogte van het betreffende voorwerp kan de vrouw haar handen erop zetten om haar rug te ontzien. Ze kan ook haar gezicht erop leggen of er een voet op zetten, waardoor haar been buigt en haar clitoris gemakkelijk aan te raken is.

Categorie: hoofdgerecht
Stimulatie bij haar: ★★★☆☆
Stimulatie bij hem: ★★★☆☆
Intensiteit: ★★★☆☆
Comfort: ★☆☆☆☆

Erogene zones bereikbaar voor haar:
Bij hem: geen
Bij haarzelf: geen
Erogene zones bereikbaar voor hem:
Bij haar: schaamheuvel, clitoris, heupen, taille, borsten
Bij hemzelf: geen (tenzij hij haar met slechts één hand vasthoudt)

Geschiktste ondergrond: stevige ondergrond
Aanbevolen duur: kort
Eventuele attributen: geen
Intensieve positie: ja
Diepe penetratie: ja
Stimulatie g-spot: nee
Stimulatie clitoris: nee (tenzij met de hand, afhankelijk van de variant)
Eikel omvat: ja
Schacht omvat: ja

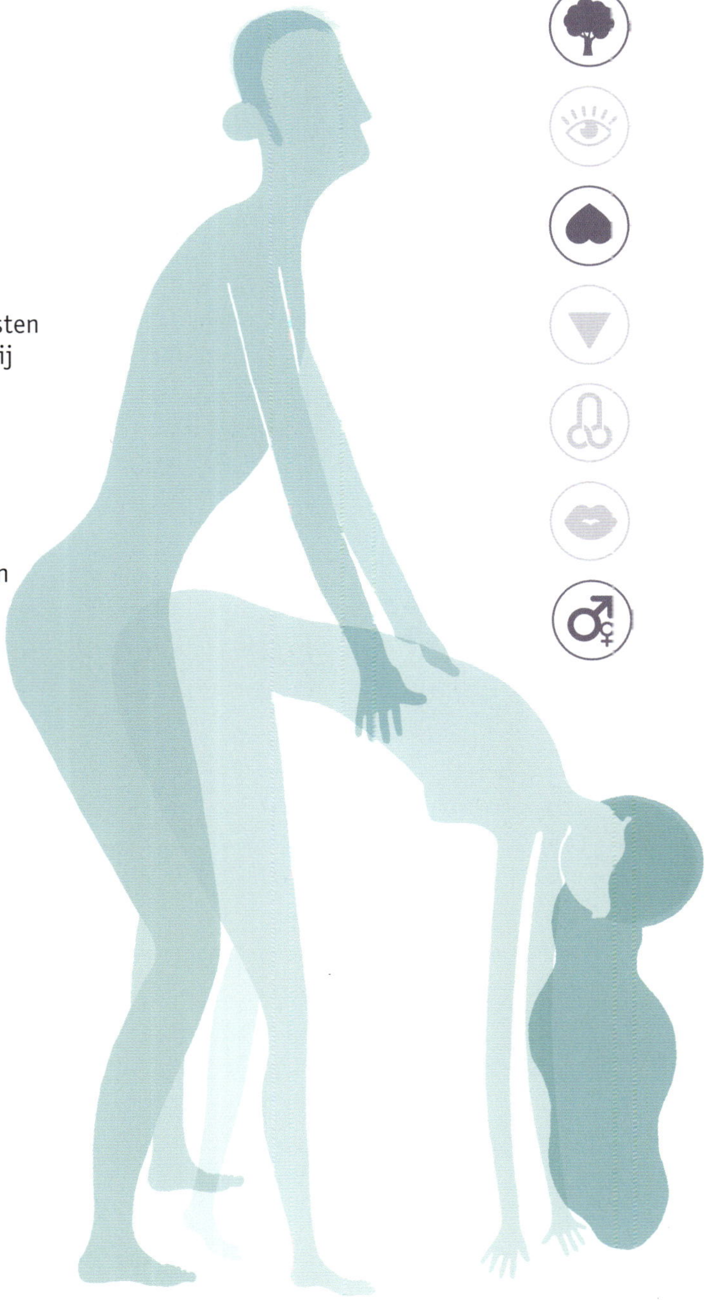

Jullie score: zij ☆☆☆☆☆ hij ☆☆☆☆☆

De Ligstoel

Streven jullie zowel comfort, rust als heftige sensaties na? Dan is de Ligstoel precies wat jullie zoeken!

Er is niks mis mee (integendeel zelfs!) om zoveel deugden te combineren in één enkele positie. De Ligstoel is geschikt voor geliefden die uitgeput zijn door een intensieve stoeipartij, maar nog niet genoeg hebben van het genot. Door lichtjes de natuurlijke hoek van de erectie te variëren, kan de top van de penis de binnenkant van de vagina zachtjes masseren op de beroemde g-spot.
Op deze manier met elkaar verstrengeld kunnen de geliefden zich overgeven aan een langzame golfbeweging die het aanwezige verlangen koestert en tegelijk aanwakkert met nieuwe sensaties.

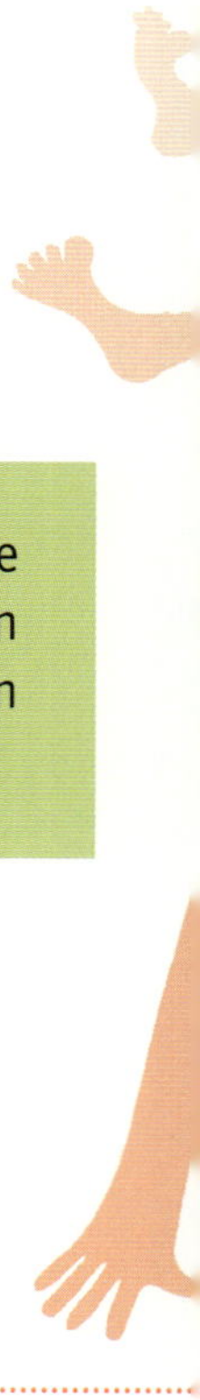

Plezier voor één Afhankelijk van hoever zij haar benen spreidt, kan de vrouw gemakkelijk bij haar geslachtsorgaan. Ze kan haar clitoris strelen en de beweging naar wens afstemmen op de in- en uitgaande beweging van haar partner. Die weet het schouwspel ongetwijfeld enorm te waarderen!

Categorie: hoofdgerecht
Stimulatie bij haar: ★★★★☆
Stimulatie bij hem: ★★★☆☆
Intensiteit: ★★★★☆
Comfort: ★★★★☆

Erogene zones bereikbaar voor haar:
Bij hem: dijen, voeten
Bij haarzelf: gezicht, mond, borsten, buik, schaamheuvel, clitoris
Erogene zones bereikbaar voor hem:
Bij haar: schaamheuvel, dijen, clitoris, borsten (als hij op slechts één hand steunt)
Bij hemzelf: mond, gezicht, borstkas, buik, schaamheuvel (als hij op slechts één hand steunt)

Geschiktste ondergrond: bed of grond
Aanbevolen duur: lang
Eventuele attributen: kleine vibrator voor de clitoris, vibrerende ring (stelt de ejaculatie uit en stimuleert de clitoris)
Intensieve positie: nee
Diepe penetratie: ja
Stimulatie g-spot: ja
Stimulatie clitoris: nee (tenzij met de hand of een vibrator)
Eikel omvat: ja
Schacht omvat: ja

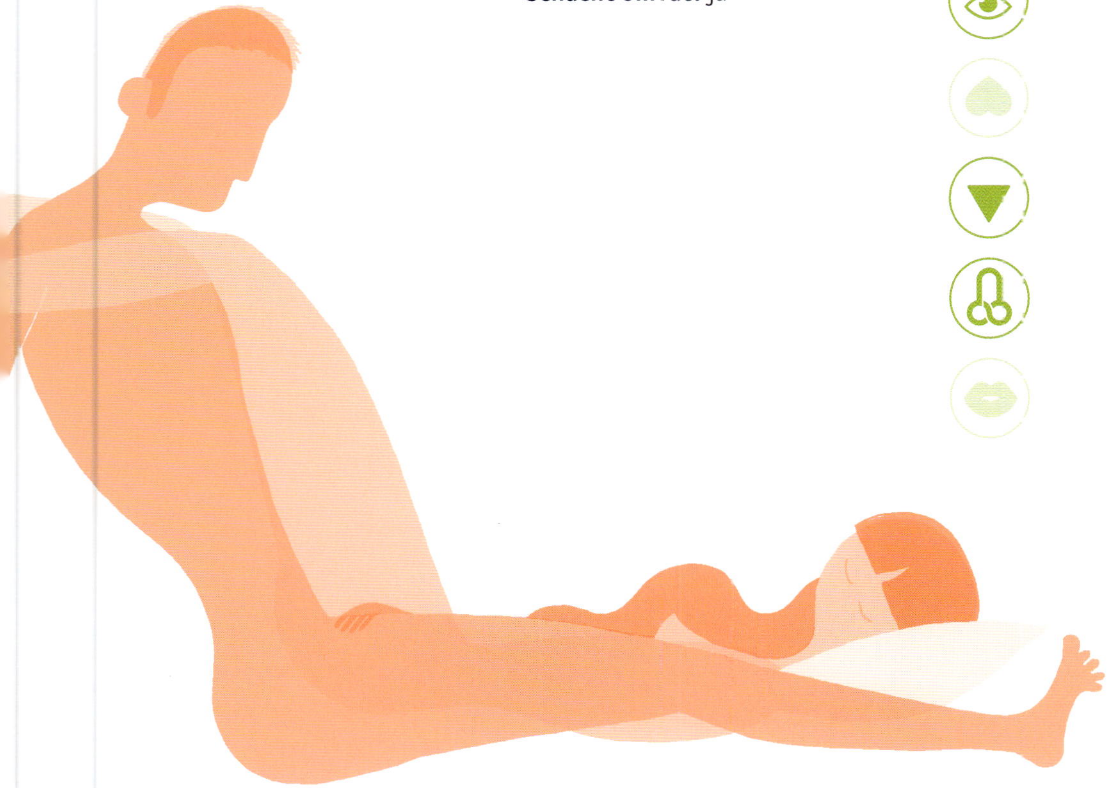

Jullie score: zij ☆☆☆☆☆ hij ☆☆☆☆☆

Het Kruis

Sommige posities vereisen een groter uithoudingsvermogen van de geliefden. In dat opzicht is het Kruis even spectaculair als haalbaar.

Een koppel heeft enerzijds alledaagse liefkozingen nodig waarover de partners nauwelijks hoeven na te denken en anderzijds een snufje van iets bijzonders. Deze houding is een soort van langgerekte Kruiwagen en beperkt het contact tussen de geliefden bijna uitsluitend tot hun in elkaar vervlochten geslachtsorganen. Die buitengewone afstand tussen beide lichamen werkt in dit geval enorm stimulerend. Man en vrouw richten zich uitsluitend op hun genitaliën en kunnen zich concentreren op de gewaarwording van elkaars geslachtsorgaan, waarbij ze het toenemende genot zo goed mogelijk onder controle proberen te houden.

Variant Het lichaam van de vrouw vormt de horizontale pijler van het Kruis, of zoals op de illustratie met de rug naar hem toe, of met het gezicht naar hem gewend. Het is aan jullie om beide houdingen uit te testen en zodoende te ontdekken welke variant voor de geschikte penetratie zorgt (met de rug naar de man is dat dieper, met het gezicht naar hem toe wordt de g-spot beter gestimuleerd).

Categorie: hoofdgerecht
Stimulatie bij haar: ★★★☆☆
Stimulatie bij hem: ★★★☆☆
Intensiteit: ★★☆☆☆
Comfort: ★★★☆☆

Erogene zones bereikbaar voor haar:
Bij hem: dijen
Bij haarzelf: gezicht, mond, borsten, buik, schaamheuvel
Erogene zones bereikbaar voor hem:
Bij haar: billen, dijen, rug, schouders
Bij hemzelf: mond, gezicht, borstkas, buik, schaamheuvel

Geschiktste ondergrond: bed
Aanbevolen duur: middellang

Eventuele attributen: veer of klein massagetoestel voor haar rug
Intensieve positie: nee
Diepe penetratie: ja
Stimulatie g-spot: ja (afhankelijk van de variant)
Stimulatie clitoris: ja (basis van de penis en dij, a-hankelijk van de hoek)
Eikel omvat: ja
Schacht omvat: ja

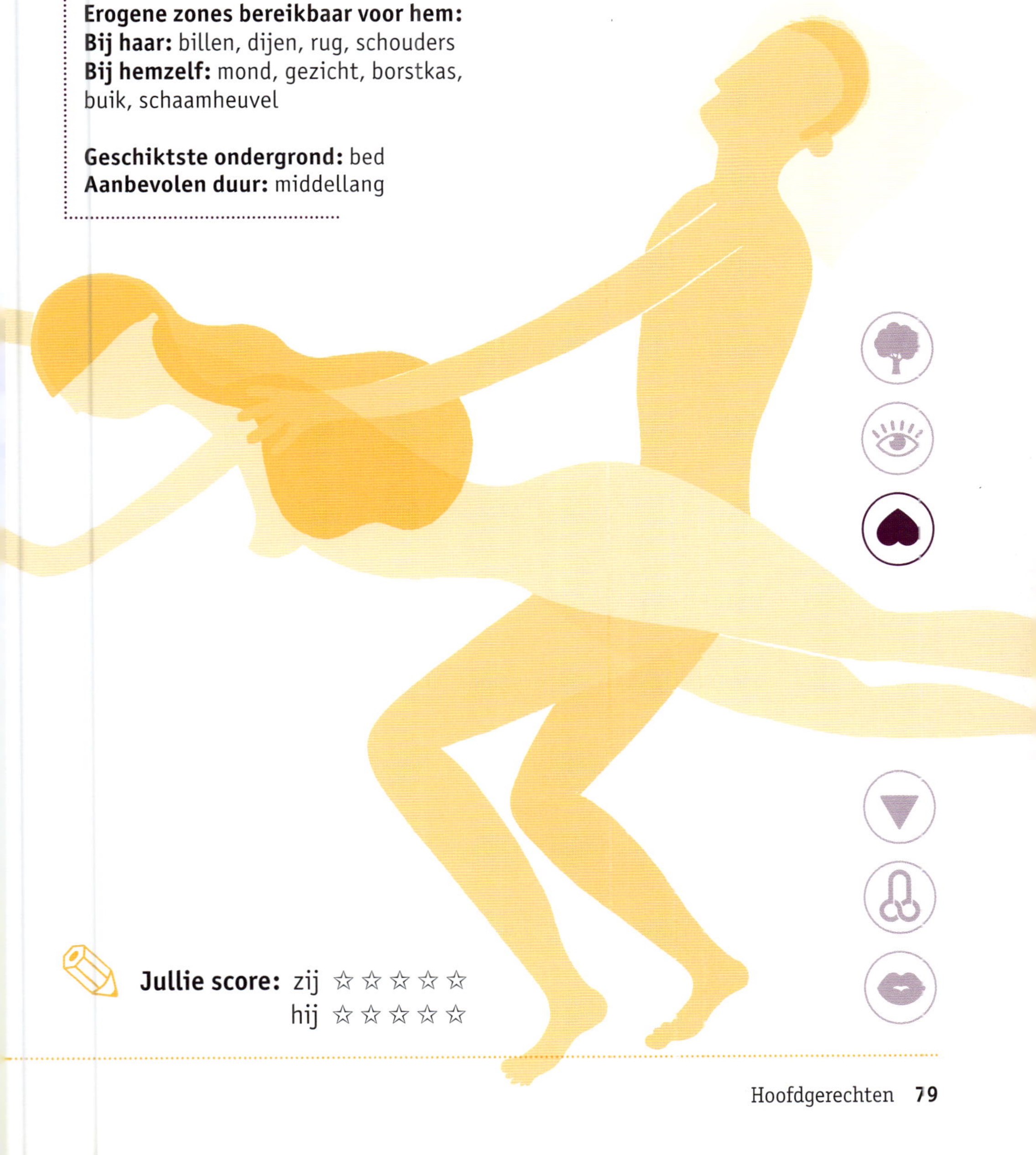

Jullie score: zij ☆ ☆ ☆ ☆ ☆
hij ☆ ☆ ☆ ☆ ☆

De Hazewind

Dierlijk, heftig, intensief en orgastisch... De Hazewind heeft evenveel *lovers* als *haters*, wat nu eenmaal past bij een sterrenstatus.

Ondanks zijn duivelse en beestachtige reputatie kunnen we niet anders dan ook zijn deugden erkennen. Deze positie geeft hem een ongeëvenaard uitzicht op het achterste en het geslachtsorgaan van zijn partner, wat zijn verlangen tot dominantie bevredigt. Zij voelt zich volledig genomen, een gevoel dat nog vergroot wordt door de heel diepe penetratie die deze houding mogelijk maakt. Niet zelden gaat deze positie gepaard met heerlijk scandaleuze (en daarom niet minder eerbiedwaardige) fantasietjes zoals krabben, grove taal, de haren (zacht) vastgrijpen enzovoort. Het ultieme voordeel: door zijn knieën meer te buigen, kan hij dieper penetreren (lage positie) of haar g-spot stimuleren (hoge positie) door ze minder te buigen.

Anekdote

De benaming van deze houding verwijst naar een windhondenras dat bekendstaat om zijn kortere voorpoten, waardoor de rug naar voren toe afhelt. De Engelsen hebben het over *doggy style* (op z'n hondjes) en de Italianen over *a pecorina* (wat verwijst naar een ooi). De originele Kama Sutra gebruikt de metafoor 'vereniging van de koe' om aan te geven dat de vrouw op handen en knieën steunt.

Categorie: hoofdgerecht
Stimulatie bij haar: *****
Stimulatie bij hem: *****
Intensiteit: *****
Comfort: *****

Erogene zones bereikbaar voor haar:
Bij hem: geen
Bij haarzelf: geen (tenzij ze op één hand steunt)
Erogene zones bereikbaar voor hem:
Bij haar: anus, billen, dijen, rug, schouders
Bij hemzelf: mond, gezicht, borstkas, buik, schaamheuvel, billen

Geschiktste ondergrond: stevig bed of grond
Aanbevolen duur: middellang
Eventuele attributen: anaalparels of -plug
Intensieve positie: ja
Diepe penetratie: ja
Stimulatie g-spot: ja (afhankelijk van de variant)
Stimulatie clitoris: nee (tenzij met de hand)
Eikel omvat: ja
Schacht omvat: ja

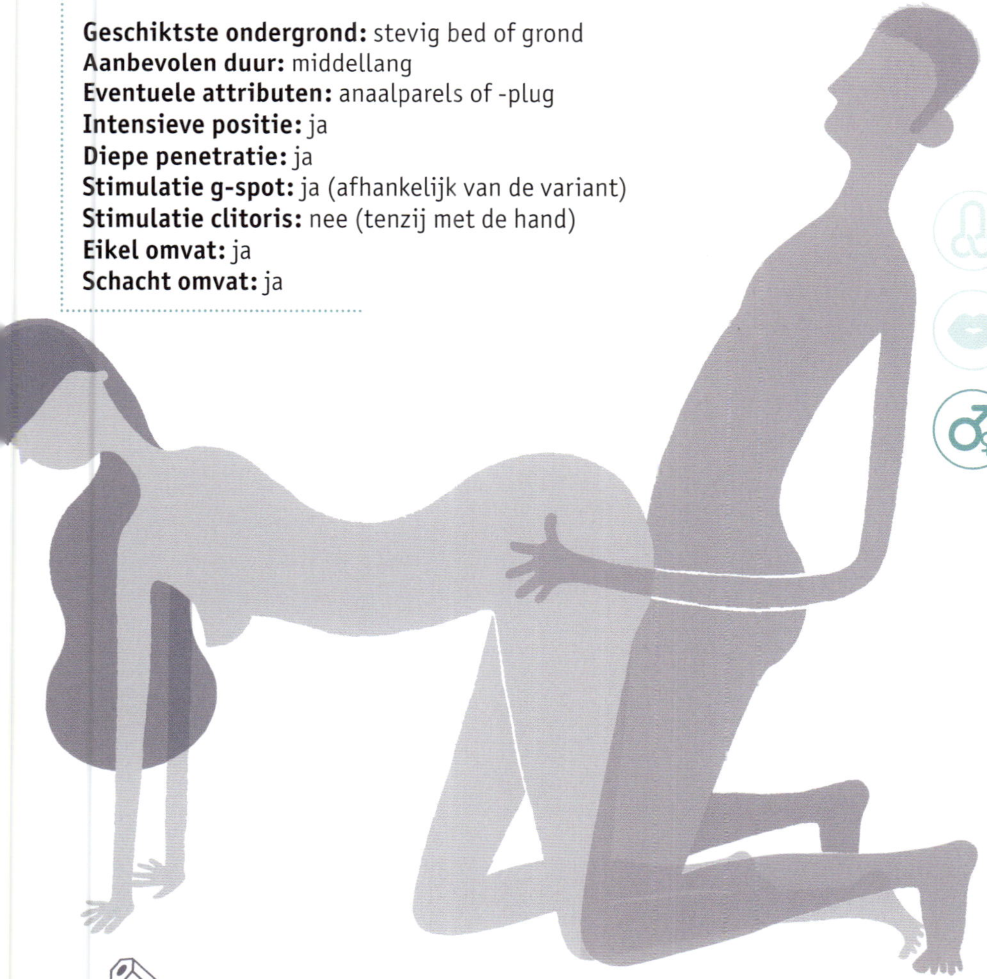

Jullie score: zij ☆ ☆ ☆ ☆ ☆ hij ☆ ☆ ☆ ☆ ☆

De Kruiwagen

Een eenvoudige en acrobatische variant op de Hazewind of een originele positie voor geliefden met een onbeteugelde fantasie?

Koppels die dit standje al uitprobeerden, herinneren het zich nog levendig! Gestommel, mislukkingen, de slappe lach...
De Kruiwagen uitproberen is een unieke ervaring omdat deze houding moeilijk aan te nemen is en gevaarlijk om langer dan enkele seconden vol te houden.
Je begint het best vanuit de positie van de Hazewind. Terwijl hij in haar is, kan de man langzaam overeind komen terwijl hij haar vasthoudt bij de enkels of kuiten.
Heel sportieve koppels kunnen zich op deze manier door de kamer verplaatsen.
Opgepast, heren: bij het geringste signaal van ongemak voor haar laat je de benen een voor een zachtjes los en zet je haar voeten op de grond.

Extraatje

Bij een uitzonderlijke positie horen uitzonderlijke sensaties. Koppels met heel veel durf en die heel hecht zijn met elkaar, komen misschien in de verleiding om deze positie te gebruiken voor anaal geslachtsverkeer. Houd altijd rekening met de onverwachte schokken die nu eenmaal bij deze positie horen en die zowel voor haar als voor hem onaangenaam kunnen zijn.

Categorie: hoofdgerecht
Stimulatie bij haar: ★★★★☆
Stimulatie bij hem: ★★★★☆
Intensiteit: ★★★★☆
Comfort: ★☆☆☆☆

Erogene zones bereikbaar voor haar:
Bij hem: geen
Bij haarzelf: geen (tenzij ze op slechts één hand steunt)
Erogene zones bereikbaar voor hem:
Bij haar: geen
Bij hemzelf: geen

Geschiktste ondergrond: uitsluitend de grond
Aanbevolen duur: kort
Eventuele attributen: geen
Intensieve positie: ja

Diepe penetratie: ja
Stimulatie g-spot: ja (afhankelijk van de variant)
Stimulatie clitoris: nee
Eikel omvat: ja
Schacht omvat: ja

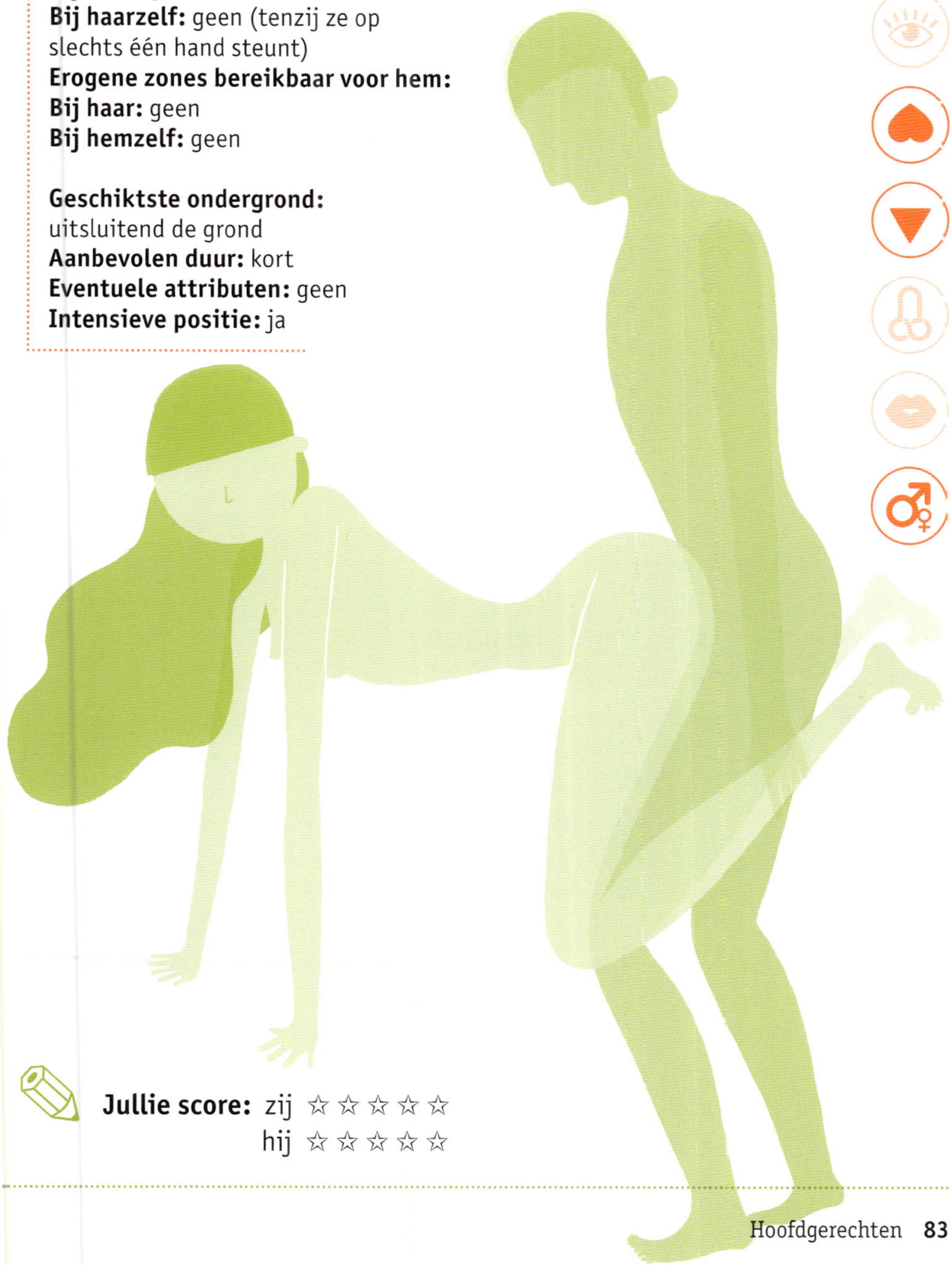

Jullie score: zij ☆ ☆ ☆ ☆ ☆
hij ☆ ☆ ☆ ☆ ☆

De Schommelstoel

Zoals elke positie die grote variaties qua hoek mogelijk maakt, kunnen ook bij deze de waargenomen sensaties heel precies en progressief onder controle gehouden worden.

Vrouwen die deze positie beoefenen zouden haar de bijnaam 'Ik zit aan het stuur!' kunnen geven. Weinig posities schenken de vrouw immers zoveel controle, en dat in alle opzichten: diepte en hoek van de penetratie, kracht en weidsheid van het in- en uitgaan, een bereikbare clitoris, de mogelijkheid tot extra liefkozingen enzovoort.
De man ondergaat deze positie bijna volledig passief. Het is dus aan haar om haar levende seksspeeltje volop voor eigen genot te gebruiken. Hij zal trouwens verrukt zijn over het uitzicht op haar achterste, dat hem zo mooi berijdt.
De Schommelstoel is bovendien een heel comfortabele positie die lang volgehouden kan worden en op die manier heel langzaam het genot vergroot.

Variant De vrouw kan ervoor kiezen haar romp te laten rusten op de benen van haar partner, zodat haar billen vrijkomen en de penetratie dieper wordt. Omgekeerd kan ze haar romp tegen zijn borstkas leggen, wat haar g-spot stimuleert en haar clitoris gemakkelijker bereikbaar maakt, zowel voor hem als haarzelf.

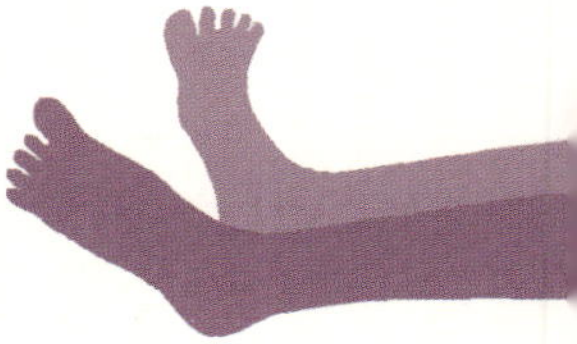

Categorie: hoofdgerecht
Stimulatie bij haar: ★★★★☆
Stimulatie bij hem: ★★★☆☆
Intensiteit: ★★★☆☆
Comfort: ★★★★☆

Erogene zones bereikbaar voor haar:
Bij hem: scrotum, perineum, dijen, voeten
Bij haarzelf: mond, gezicht, borsten, buik, schaamheuvel, dijen, clitoris
Erogene zones bereikbaar voor hem:
Bij haar: billen, dijen, rug, schouders, clitoris (afhankelijk van de variant), anus
Bij hemzelf: mond, gezicht, borstkas, buik, schaamheuvel (als hij op één hand steunt)

Geschiktste ondergrond: bed
Aanbevolen duur: lang
Eventuele attributen: kleine vibrator voor de anus of anaalparels
Intensieve positie: nee
Diepe penetratie: ja
Stimulatie g-spot: ja (afhankelijk van de variant)
Stimulatie clitoris: nee (tenzij met de hand)
Eikel omvat: ja
Schacht omvat: ja

Jullie score: zij ☆ ☆ ☆ ☆ ☆ hij ☆ ☆ ☆ ☆ ☆

Het Paard

Een klassieker die comfort, sensaties, controle en duizend-en-een mogelijke varianten en spelletjes biedt.

Het Paard wordt soms ook (ten onrechte) de Amazone (zie blz. 58) genoemd en lijkt inderdaad op een amazone die een dier berijdt.
Het Paard biedt de vrouw een ongeëvenaarde controle over de verschillende elementen die haar genot bezorgen. Deze positie maakt diepe penetratie mogelijk en tegelijkertijd stimulatie van de clitoris. Wanneer ze op de rug gaat liggen, of zelfs op de benen van de man rust, verhoogt ze de druk van de penis op haar g-spot.
Het is raadzaam dat de man, die opgewonden raakt bij het zien van haar kruis, zijn partner deelgenoot van zijn toenemende genot maakt, want een positie als deze kan tot een snelle ejaculatie leiden.

Plezier voor twee Dit is een van de posities die de clitoris van de vrouw heel bereikbaar en zichtbaar maakt. De geliefden kunnen er een spelletje van maken hem beurtelings te stimuleren, waarbij de vrouw zijn hand kan leiden om hem de aangenaamste techniek te tonen. Een kleine vibrator maakt het spel nog pikanter.

Categorie: hoofdgerecht
Stimulatie bij haar: ★★★★☆
Stimulatie bij hem: ★★★☆☆
Intensiteit: ★★★☆☆
Comfort: ★★★☆☆

Erogene zones bereikbaar voor haar:
Bij hem: haren, mond, gezicht, borstkas, buik
Bij haarzelf: mond, gezicht, borsten, buik, schaamheuvel, dijen, clitoris
Erogene zones bereikbaar voor hem:
Bij haar: mond, gezicht, borsten, billen, dijen, rug, schouders, nek, clitoris
Bij hemzelf: mond, gezicht, borstkas, buik, schaamheuvel (als hij op één hand steunt)

Geschiktste ondergrond: bed of grond
Aanbevolen duur: middellang tot lang
Eventuele attributen: vibrerende ring (stelt de ejaculatie uit en stimuleert de clitoris), kleine vibrator voor de clitoris
Intensieve positie: nee
Diepe penetratie: ja
Stimulatie g-spot: ja (afhankelijk van de variant)
Stimulatie clitoris: ja (basis van de penis en schaamheuvel)
Eikel omvat: ja
Schacht omvat: ja

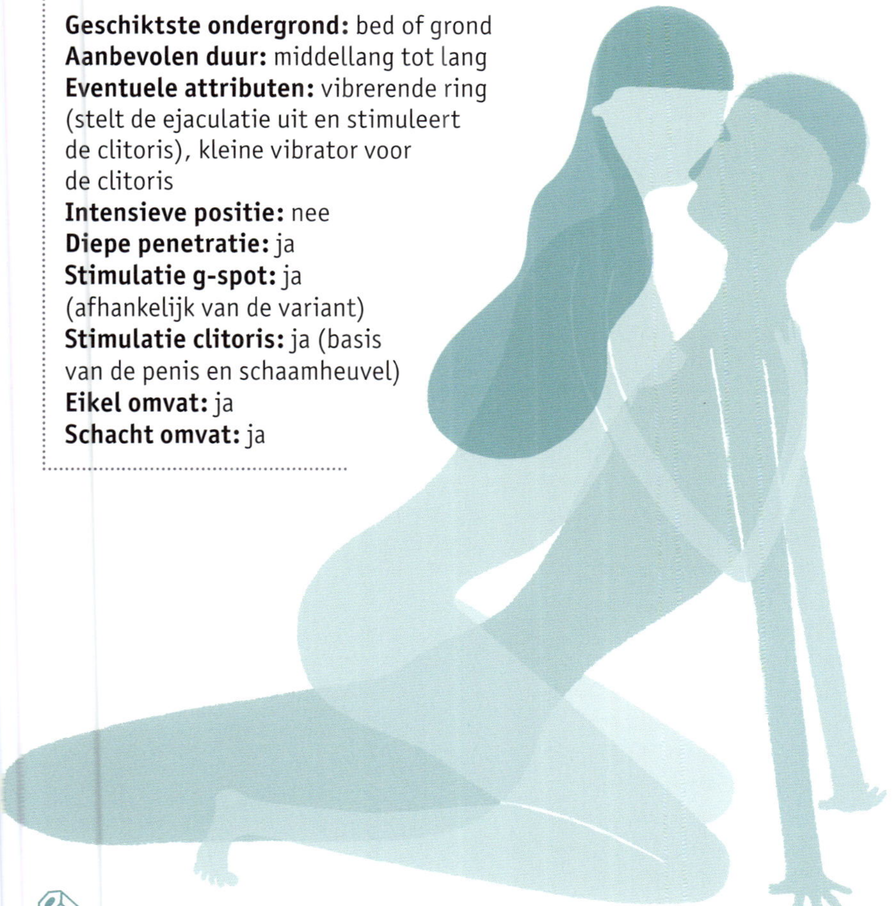

Jullie score: zij ☆ ☆ ☆ ☆ ☆ hij ☆ ☆ ☆ ☆ ☆

Het Bestand

Tussen twee vurige posities in, die even genotvol als uitputtend zijn, kan het aangenaam zijn een kleine pauze in te lassen, een wapenbestand in het heetst van de strijd.

Het Bestand past uitermate goed in een hoofdstuk over rust- en overgangsposities. Meer nog dan de Tête-à-tête (blz. 68), die de dijspieren aan het werk zet, is dit een positie om op krachten en op adem te komen terwijl er tussen de geliefden net voldoende erotische spanning blijft bestaan om zin te krijgen in meer.

De lichamen liggen languit op bed, het oogcontact bevordert het gesprek. Doordat zij haar benen rondom zijn heupen heeft geslagen, kan hij met lichte stootbewegingen zijn penetratie geleidelijk verdiepen.

Als zij haar benen een beetje spreidt, kan hij naar hartenlust met haar clitoris spelen, wat de stoeipartij opnieuw heftiger kan maken.

Plezier voor twee Omdat dit moment geschikt is om te praten, kunnen jullie misschien anticiperen op het vervolg van jullie genot? Zonder jezelf een al te strikt programma op te leggen kunnen jullie allebei een minder gebruikelijke positie kiezen, die jullie vervolgens uitproberen. Druk intussen je tederheid en goede bedoelingen uit door de schaamheuvel, buik of borst van je partner zachtjes te liefkozen.

Categorie: hoofdgerecht
Stimulatie bij haar: ★★☆☆☆
Intensiteit: ★★☆☆☆
Stimulatie bij hem: ★★☆☆☆
Comfort: ★★★★☆

Erogene zones bereikbaar voor haar:
Bij hem: gezicht, borstkas, buik, dijen
Bij haarzelf: mond, gezicht, borsten, buik, schaamheuvel, clitoris
Erogene zones bereikbaar voor hem:
Bij haar: mond, gezicht, borsten, buik, schaamheuvel, dijen, clitoris
Bij hemzelf: mond, gezicht, borstkas, buik

Geschiktste ondergrond: stevig bed of grond
Aanbevolen duur: middellang tot lang
Eventuele attributen: vibrerende ring
(stelt de ejaculatie uit en stimuleert de clitoris)
Intensieve positie: nee
Diepe penetratie: ja
Stimulatie g-spot: nee
Stimulatie clitoris: nee (tenzij met de hand)
Eikel omvat: ja
Schacht omvat: ja

Jullie score: zij ☆ ☆ ☆ ☆ ☆ hij ☆ ☆ ☆ ☆ ☆

De Achteroverleunende

Wie domineert wie? De Achteroverleunende is van nature een gelijkwaardige houding die uitnodigt tot een heuse samenwerking van de geliefden.

Als de vrouw fysiek haar partner gaat overheersen, heeft de Achteroverleunende alleen zin als beide geliefden op een gelijkwaardige manier deelnemen aan de deinende beweging die deze positie zo bijzonder maakt.
Met haar romp naar achteren gebogen en achter zich steunend op haar handen, duwt de vrouw haar bekken in de richting van haar partner. Wanneer zij zich terugtrekt naar achteren, stoot hij naar voren. Als het ritme eenmaal gevonden is, ontstaat een diepe, krachtige en heel stimulerende penetratie. Als de vrouw haar dijen ver openspreidt, heeft ze het gevoel helemaal genomen te worden. Hij geniet intussen van een onbelemmerd uitzicht op haar geslachtsorgaan.

Plezier voor één Als het voor de vrouw geen taboe is om haar genot te tonen en de manier waarop ze dat zelf kan bereiken, kan ze haar partner het opwindendste cadeau geven: masturberen voor de gretige blik van haar geliefde terwijl haar vulva en clitoris volledig zichtbaar zijn.

Categorie: hoofdgerecht
Stimulatie bij haar: ★★★★☆
Intensiteit: ★★★★☆
Stimulatie bij hem: ★★★★☆
Comfort: ★★★☆☆

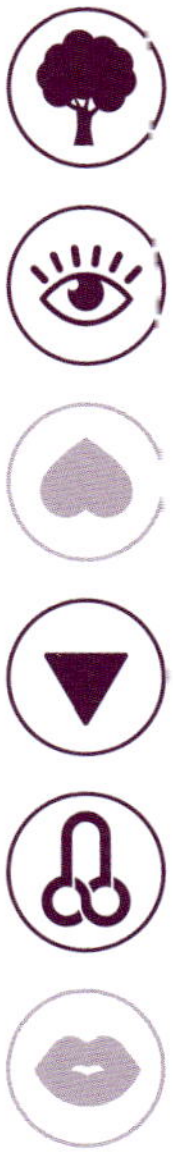

Erogene zones bereikbaar voor haar:
Bij hem: geen
Bij haarzelf: clitoris, schaamheuvel, borsten, buik, gezicht, mond, haren, hals (als ze op slechts één hand steunt)
Erogene zones bereikbaar voor hem:
Bij haar: buik, schaamheuvel, dijen, voeten, clitoris
Bij hemzelf: mond, gezicht, borstkas, buik, schaamheuvel

Geschiktste ondergrond: stevig bed of grond
Aanbevolen duur: middellang
Eventuele attributen: kleine vibrator voor de clitoris, vibrerende ring (stelt de ejaculatie uit en stimuleert de clitoris)
Intensieve positie: ja
Diepe penetratie: ja
Stimulatie g-spot: ja (afhankelijk van de variant)
Stimulatie clitoris: nee (tenzij met de hand of een vibrator)
Eikel omvat: ja
Schacht omvat: ja

Jullie score: zij ☆ ☆ ☆ ☆ ☆
hij ☆ ☆ ☆ ☆ ☆

De Zuil

Niets is voor een vrouw zo geruststellend en tegelijk opwindend als het gevoel dat ze de volledige controle heeft.

We kunnen deze positie onmogelijk bespreken zonder van tevoren het delicate onderwerp 'corpulentie' aan te snijden. Hoe sterk de man ook is, de Zuil is alleen mogelijk voor koppels bij wie het gewicht van beide partners dat toestaat. In het ideale geval weegt de vrouw minstens tien kilogram minder dan haar partner. Dat heeft niets met seksisme te maken, maar alles met de eeuwige wetten van de fysica, die geliefden nu eenmaal niet kunnen negeren.
Ga bij voorkeur op de knieën zitten, met de enkels van de vrouw stevig gekruist om de lenden van de man. Hij kan eerst één been optillen en daarna het andere om op te staan, terwijl het gewicht van zijn partner op hem weegt.
Een mobiele positie die in alle kamers van het huis uitgevoerd kan worden, daar waar de sfeer jullie het meest opwindt!

Variant Om deze op zijn zachtst uitgedrukt sportieve positie vol te houden, is elk voorwerp dat de man kan ondersteunen meer dan welkom. Hij kan bijvoorbeeld met zijn rug tegen een muur gaan staan of met zijn billen op een hoog meubel zoals het keukenwerkblad gaan zitten.

Categorie: hoofdgerecht
Stimulatie bij haar: ★★★★☆
Stimulatie bij hem: ★★★☆☆
Intensiteit: ★★★☆☆
Comfort: ★☆☆☆☆

Erogene zones bereikbaar voor haar:
Bij hem: haren, mond, gezicht, schouders, hals, borstkas, buik
Bij haarzelf: haren, mond, gezicht, borsten, buik
Erogene zones bereikbaar voor hem:
Bij haar: billen, dijen, anus
Bij hemzelf: geen

Geschiktste ondergrond: stabiele ondergrond
Aanbevolen duur: kort
Eventuele attributen: vibrerende ring (stelt de ejaculatie uit en stimuleert de clitoris)
Intensieve positie: ja
Diepe penetratie: ja
Stimulatie g-spot: ja (afhankelijk van de variant)
Stimulatie clitoris: ja (basis van de penis en schaamheuvel, afhankelijk van de hoek)
Eikel omvat: ja
Schacht omvat: ja

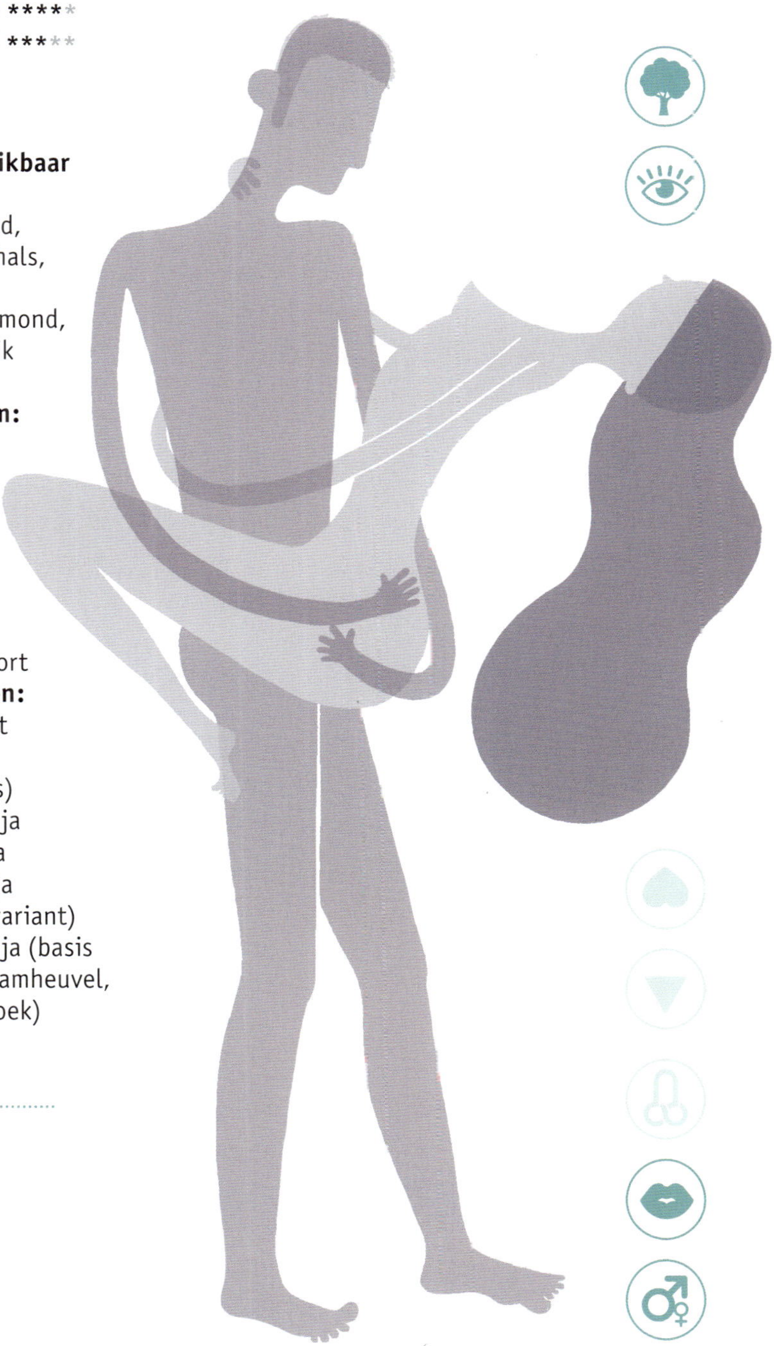

Jullie score: zij ☆☆☆☆☆ hij ☆☆☆☆☆

Het Krukje

Beste man, ben je in een van je fantasieën haar toyboy?

Deze atypische houding is een van de weinige waarbij de traditionele (en volgens sommigen archaïsche) rollen omgekeerd worden. Hier is zij het die niet alleen domineert, maar ook controleert. Terwijl ze op haar partner zit, gespietst op zijn lid, kan ze met één simpele buiging van haar benen de diepte en intensiteit van de penetratie variëren. De met elkaar vervlochten armen verlichten niet alleen haar inspanningen, maar kunnen ook voor een heel aangename schommelbeweging zorgen. De man zet zijn voeten plat op haar rug en is dus niet zo passief als op het eerste gezicht lijkt: hij bepaalt de cadans op deze genotvolle schommel.

Deze enigszins acrobatische houding is niet zozeer moeilijk door de fysieke inspanning, als wel door de overgave die de man aan de dag moet kunnen leggen.

Variant Om de houding opnieuw 'in evenwicht' te brengen en de onderworpen man een klein voordeel te gunnen, kan ze toegepast worden voor anale seks. Schommel dan niet te wild heen en weer, en laat haar de diepte van de penetratie doseren naargelang haar sensaties en verlangen.

Categorie: hoofdgerecht
Stimulatie bij haar: ★★★☆☆
Stimulatie bij hem: ★★★☆☆
Intensiteit: ★★★☆☆
Comfort: ★★☆☆☆

Erogene zones bereikbaar voor haar:
Bij hem: dijen, scrotum, anus, billen
Bij haarzelf: mond, gezicht, borsten, buik, schaamheuvel, dijen, clitoris
Erogene zones bereikbaar voor hem:
Bij haar: billen, rug, taille
Bij hemzelf: mond, gezicht, borstkas, buik, schaamheuvel

Geschiktste ondergrond: stevig bed
Aanbevolen duur: kort
Eventuele attributen: kleine vibrator voor de clitoris
Intensieve positie: ja
Diepe penetratie: ja
Stimulatie g-spot: ja (afhankelijk van de variant)
Stimulatie clitoris: nee (tenzij met de hand of een vibrator)
Eikel omvat: ja
Schacht omvat: ja

Jullie score: zij ☆ ☆ ☆ ☆ ☆ hij ☆ ☆ ☆ ☆ ☆

De Put

Een bron van fantasieën is deze houding, waarbij de geliefden elkaar de rug toekeren en elkaar dus niet zien...

Neem de houding aan van het Krukje (blz. 94), maar draai eenvoudigweg de rollen om en jullie zijn vertrokken naar de onpeilbare diepten van de Put! Probeer nooit het ene uit zonder het andere! Verlies ook het mogelijke ongemak van deze positie niet uit het oog: de penis wordt naar beneden gebogen, wat ingaat tegen de natuurlijke richting van een erectie. Sommige mannen genieten van deze lichte tegendruk, andere niet. Hetzelfde geldt voor vrouwen. Sommige vrouwen houden van de druk van de penis tegen de achterwand van hun vagina, andere niet zo.
De Put is meer dan gymnastiek. Zowel hij als zij kan opgewonden raken door het voelen van een geslachtsorgaan zonder het daarbij behorende gezicht te zien, alsof de partner anoniem is. Dat kan tot fantasierijke momenten leiden.

Extraatje

Omdat bij deze positie de penis minder gemakkelijk in de vagina gebracht kan worden, kan de man vooraf met zijn eikel over de halfgeopende vulva 'borstelen'. Hij kan hem zelfs tussen de kleine en de grote schaamlippen bewegen om zijn partner extra op te winden.

Categorie: hoofdgerecht
Stimulatie bij haar: ★★★☆☆ **Stimulatie bij hem:** ★★★☆☆
Intensiteit: ★★★☆☆ **Comfort:** ★★☆☆☆

Erogene zones bereikbaar voor haar:
Bij hem: dijen, billen, voeten, anus
Bij haarzelf: mond, gezicht, borsten, buik, schaamheuvel, dijen, clitoris
Erogene zones bereikbaar voor hem:
Bij haar: billen, rug, taille
Bij hemzelf: mond, gezicht, borstkas, buik, schaamheuvel

Geschiktste ondergrond: stevig bed of grond
Aanbevolen duur: kort
Eventuele attributen: kleine vibrator voor de clitoris
Intensieve positie: ja
Diepe penetratie: ja
Stimulatie g-spot: nee
Stimulatie clitoris: nee (tenzij met de hand of een vibrator)
Eikel omvat: ja
Schacht omvat: ja

Jullie score: zij ☆ ☆ ☆ ☆ ☆ hij ☆ ☆ ☆ ☆ ☆

De Schommel

Waarom zou je jezelf het gedeeld plezier ontzeggen van een positie met zoveel evenwicht en samenwerking als deze?

In slechts enkele houdingen krijgen beide partners een gelijkwaardige rol toebedeeld. Als de geliefden met elkaar versmolten zijn, de handen in elkaar verstrengeld, gaan ze liggen waarbij degene die de beweging inzet, onderaan ligt. Is dat de vrouw, dan gebruikt ze het tegengewicht van haar partner om haar borstkas omhoog te brengen. Wanneer ze bijna in zithouding is, gaat ze terug naar haar oorspronkelijke beginpunt terwijl hij door de neerwaartse beweging van de vrouw omhoogkomt. En zo verder.
Uit deze beweging, die op roeien lijkt, ontstaat een schommelbeweging waarbij, afhankelijk van het stadium, de penis ver in de vrouw geduwd wordt of juist ver naar buiten glijdt. Op die manier ontstaat een krachtige, vloeiende en natuurlijke heen- en weergaande beweging.

Plezier voor twee Omdat de partners elkaars handen vasthebben, zijn de mogelijkheden eerder beperkt. Om het geheel toch wat pikanter te maken, kunnen jullie net boven de plek waar jullie geslachtsorganen elkaar raken, een kleine (conische of vlindervormige) vibrator plaatsen. Die stimuleert tegelijk zijn schaamheuvel en haar clitoris.

Categorie: hoofdgerecht
Stimulatie bij haar: ★★★☆☆
Stimulatie bij hem: ★★★☆☆
Intensiteit: ★★★☆☆
Comfort: ★★☆☆☆

Erogene zones bereikbaar voor haar:
Bij hem: geen
Bij haarzelf: geen
Erogene zones bereikbaar voor hem:
Bij haar: geen
Bij hemzelf: geen

Geschiktste ondergrond: heel stevig bed of grond
Aanbevolen duur: kort tot middellang
Eventuele attributen: platte of conische vibrator, vibrerende ring (stelt de ejaculatie uit en stimuleert de clitoris)
Intensieve positie: ja
Diepe penetratie: ja (afhankelijk van de beweging)
Stimulatie g-spot: ja (afhankelijk van de variant en de hoek)
Stimulatie clitoris: nee (tenzij met een vibrator)
Eikel omvat: ja
Schacht omvat: ja

Jullie score: zij ☆ ☆ ☆ ☆ ☆ hij ☆ ☆ ☆ ☆ ☆

De Schelp

Een onmisbare positie voor een intensieve vrijpartij; gemakkelijk en spontaan, uitermate orgastisch en met eindeloos veel variaties.

Zonder het te beseffen beoefenen jullie de Schelp vermoedelijk al. Het is een klassieker met ontelbare varianten (zie bijvoorbeeld de Zuiger, blz. 122) voor in de slaapkamer, zeer gewaardeerd door geliefden die van heel harde, diepe penetratie houden.
Net zoals de Hazewind en enkele andere posities bedeelt deze houding de man een dominante en de vrouw een onderdanige rol toe. Het enige minpunt waarmee rekening gehouden moet worden is dat hij op zijn knieën zit, wat na enige tijd pijnlijk kan aanvoelen. Afgezien daarvan durven we te wedden dat beiden met deze positie hoogtepunten van genot bereiken!

Plezier voor één Vrouwen die tijdens een vaginale penetratie graag hun clitoris gestimuleerd hebben, kunnen zichzelf naar hartenlust met de hand of met een kleine vibrator liefkozen.

Categorie: hoofdgerecht
Stimulatie bij haar: *****
Stimulatie bij hem: *****
Intensiteit: *****
Comfort: *****

Erogene zones bereikbaar voor haar:
Bij hem: dijen, handen, schaamheuvel, buik
Bij haarzelf: haren, mond, gezicht, borsten, buik, schaamheuvel, clitoris
Erogene zones bereikbaar voor hem:
Bij haar: buik, dijen, schaamheuvel, clitoris
Bij hemzelf: haren, mond, gezicht, borstkas, buik, schaamheuvel

Geschiktste ondergrond: heel stevig bed of grond
Aanbevolen duur: kort tot middellang
Eventuele attributen: platte of conische vibrator, vibrerende ring (stelt de ejaculatie uit en stimuleert de clitoris)
Intensieve positie: ja
Diepe penetratie: ja (afhankelijk van de beweging)
Stimulatie g-spot: ja (afhankelijk van de variant en de hoek)
Stimulatie clitoris: nee (tenzij met de hand of een vibrator)
Eikel omvat: ja
Schacht omvat: ja

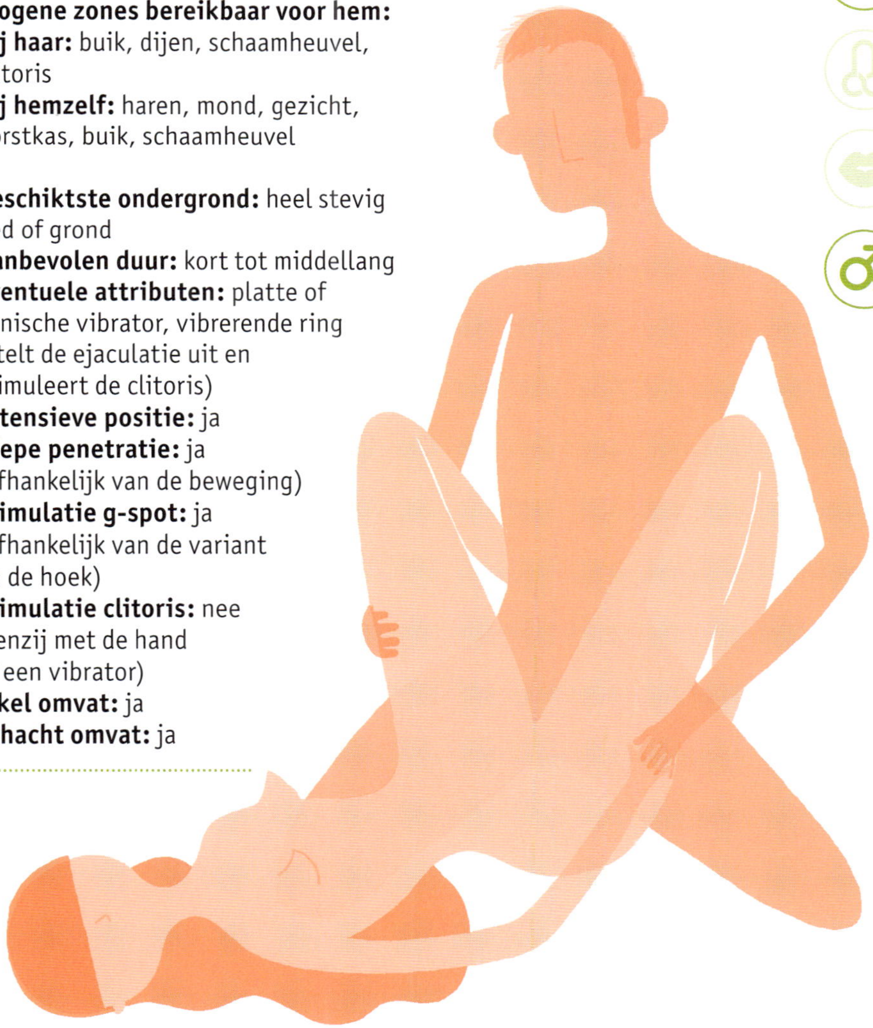

Jullie score: zij ☆☆☆☆☆ hij ☆☆☆☆☆

De Opening

Hoewel deze houding wat lenigheid vereist, maakt ze het mogelijk om de penetratie en sensaties heel nauwkeurig te doseren.

Niet alle standjes zijn bedoeld om je meteen naar de zevende hemel te voeren. Sommige helpen de intimiteit en verbondenheid van het beginstadium in stand te houden. Je kunt ze enkele minuten maar (naar verluidt) ook enkele uren volhouden, drijvend op een tweeledig genot waarvan je zou wensen dat het eeuwig duurde.
Dat is exact wat je met de Opening kunt bereiken. De vulva is voldoende ver geopend voor een progressieve, diepe penetratie, die door het opgerichte been gevarieerd kan worden. Als de vrouw haar been een beetje naar beneden brengt, duwt ze de borstkas, het bekken en daardoor ook de penis van haar partner naar achteren. En hoe meer ze dat been strekt, hoe dieper haar geliefde zijn lid in haar kan brengen.

Variatie Met enkele aanpassingen kunnen de hoek en diepte van de penetratie nog verder gewijzigd worden. De man kan bijvoorbeeld het been van zijn partner tegen de andere schouder leggen, waardoor de vagina strakker rondom zijn penis sluit. Om de g-spot gemakkelijker te stimuleren, kunnen onder haar billen een of meerdere kussens geschoven worden.

Categorie: **hoofdgerecht**
Stimulatie bij haar: ★★★☆☆
Stimulatie bij hem: ★★★☆☆
Intensiteit: ★★★☆☆
Comfort: ★★★☆☆

Erogene zones bereikbaar voor haar:
Bij hem: dijen, billen, schaamheuvel
Bij haarzelf: haren, mond, gezicht, borsten, buik, schaamheuvel, clitoris
Erogene zones bereikbaar voor hem:
Bij haar: borsten, buik, dijen, schaamheuvel, clitoris
Bij hemzelf: haren, mond, gezicht, borstkas, buik, schaamheuvel

Geschiktste ondergrond: stevig bed
Aanbevolen duur: middellang tot lang
Eventuele attributen: platte of conische vibrator, vibrerende ring (stelt de ejaculatie uit en stimuleert de clitoris)
Intensieve positie: ja
Diepe penetratie: ja (afhankelijk van de hoek)
Stimulatie g-spot: nee
Stimulatie clitoris: nee (tenzij met de hand of een vibrator)
Eikel omvat: ja
Schacht omvat: ja

Jullie score: zij ☆ ☆ ☆ ☆ ☆ hij ☆ ☆ ☆ ☆ ☆

De Panda

Deze luie en toch speelse positie bevordert een diepe penetratie en onbeteugelde fantasieën.

Wie beweerde dat de zogenoemde 'rustposities' niet tot heftige sensaties kunnen leiden? Wanneer de geliefden languit op hun zij liggen, hoofd aan voeten, hoeven ze weinig inspanningen te doen om tot dit standje te komen. Als zij haar benen lichtjes optrekt, maakt ze voor hem de weg naar haar geslachtsorgaan vrij en kan hij gemakkelijk penetreren.
De hoek kan verrassend lijken, maar de man kan op deze manier niet alleen tot diep in de vagina van zijn partner komen, maar ook bij de heel gevoelige gebieden in de buurt van de baarmoedermond.
Grote bewegingen zijn hier niet mogelijk, maar wel voldoende groot om genot te bereiken. De partners blijven als het ware anoniem voor elkaar, want ze zien elkaars gezicht niet, maar de aanblik van elkaars gewelfde billen kan een heerlijke bonus opleveren.

Plezier voor twee Dit is een houding voor ervaren, hechte koppels, die spelletjes mogelijk maakt. Met een vochtige vingertop kan elk van beiden de anus van zijn partner prikkelen door cirkelvormige en regelmatige kringetjes te beschrijven. Als de partner dat wenst, kan een vingerkootje ingebracht worden in het rectum.

Categorie: hoofdgerecht
Stimulatie bij haar: ★★★☆☆
Stimulatie bij hem: ★★★☆☆
Intensiteit: ★★★☆☆
Comfort: ★★★★☆

Erogene zones bereikbaar voor haar:
Bij hem: voeten, dijen, billen, anus, lenden
Bij haarzelf: haren, mond, gezicht, borsten, buik
Erogene zones bereikbaar voor hem:
Bij haar: voeten, dijen, billen, anus, lenden
Bij hemzelf: haren, mond, gezicht, borstkas, buik

Geschiktste ondergrond: bed of grond
Aanbevolen duur: middellang tot lang
Eventuele attributen: elk anaal speelgoed zoals anaalparels of -plug
Intensieve positie: nee
Diepe penetratie: ja
Stimulatie g-spot: nee
Stimulatie clitoris: nee
Eikel omvat: ja
Schacht omvat: ja

Jullie score: zij ☆ ☆ ☆ ☆ ☆ hij ☆ ☆ ☆ ☆ ☆

De Kabels

Soms is fysiek plezier minder belangrijk dan de geleverde inspanning. Een voorbeeld als bewijs...

De positie van de Kabels behoort tot de categorie houdingen die minder intense sensaties opleveren, maar meer acrobatisch en esthetisch plezier. De penetratie is hier minimaal. Veel bewegen is niet mogelijk en de armen kunnen algauw vermoeid raken en zelfs pijnlijk beginnen aan te voelen. De aantrekkingskracht van deze positie schuilt in de symmetrische, elegante manier waarop jullie lichamen samenkomen en in de spierspanning. In zekere zin is dit een broze, gevaarlijke positie waarvan je je afvraagt of ze niet, net zoals de kabels waaraan ze haar naam ontleent, elk moment kan breken. Uit die broosheid kan een gevoel van dringendheid ontstaan dat de opwinding vergroot.
Wel, wie van jullie tweeën geeft zich als eerste gewonnen?

Variant In een minder sportieve versie steunen jullie niet op de handen, maar op de onderarmen. Die rustpositie kunnen jullie ook om beurten aannemen.

Categorie: hoofdgerecht
Stimulatie bij haar: ★★☆☆☆ **Stimulatie bij hem:** ★★☆☆☆
Intensiteit: ★★☆☆☆ **Comfort:** ★☆☆☆☆

Erogene zones bereikbaar voor haar:
Bij hem: geen
Bij haarzelf: geen
Erogene zones bereikbaar voor hem:
Bij haar: geen
Bij hemzelf: geen

Geschiktste ondergrond: heel stevig bed of grond
Aanbevolen duur: kort tot middellang
Eventuele attributen: vibrerende ring
(stelt de ejaculatie uit en stimuleert de clitoris)
Intensieve positie: ja
Diepe penetratie: nee
Stimulatie g-spot: ja (afhankelijk van de hoek en de beweging)
Stimulatie clitoris: nee
Eikel omvat: ja
Schacht omvat: nee

Jullie score: zij ☆ ☆ ☆ ☆ ☆ hij ☆ ☆ ☆ ☆ ☆

De Galop

De intensieve en atletische Galop is voorbehouden aan lenige geliefden met een goed uithoudingsvermogen, die niet bang zijn voor spierpijn...

Vooraf een kleine check-up voor haar: heb je geen enkele last van rugpijn? En voor hem: zijn je dijen even stevig als ze eruitzien? Prima, want die twee lichaamsdelen zullen flink aan het werk moeten gaan!
Neem om te beginnen een gemakkelijke houding aan zoals de Ontloken Bloem (blz. 112). De man tilt daarna het ene en vervolgens het andere been op terwijl hij op de toppen van zijn tenen staat. Daarna schuift hij zijn knieën onder haar billen, zodat haar benen op zijn dijen en heupen rusten. Om het evenwicht te bewaren, pakt hij aan de ene kant haar arm vast en aan de andere kant het been. Zo ontstaat een vrij diepe penetratie, die nog dieper wordt bij elke stoot van hem.

Variant De Passerelle is een variant waarbij de man in een rechte hoek knielt met zijn romp rechtop. Zijn partner zet haar voeten plat op de grond en haar tot het uiterste gebogen lichaam wordt alleen onder de taille vastgehouden door de beide handen van haar geliefde.

Categorie: hoofdgerecht
Stimulatie bij haar: ★★★☆☆ **Stimulatie bij hem:** ★★★☆☆
Intensiteit: ★★★☆☆ **Comfort:** ★☆☆☆☆

Erogene zones bereikbaar voor haar:
Bij hem: dijen, schaamheuvel, buik
Bij haarzelf: haren, mond, gezicht, borsten, buik, schaamheuvel, clitoris
Erogene zones bereikbaar voor hem:
Bij haar: borsten, buik, schaamheuvel, dijen, clitoris (als hij zich met slechts één hand vasthoudt)
Bij hemzelf: haren, mond, gezicht, borstkas, buik (als hij zich met slechts één hand vasthoudt)

Geschiktste ondergrond: grond
Aanbevolen duur: kort
Eventuele attributen: vibrerende ring (stelt de ejaculatie uit en stimuleert de clitoris)
Intensieve positie: ja
Diepe penetratie: ja
Stimulatie g-spot: ja (afhankelijk van de hoek en de beweging)
Stimulatie clitoris: nee (tenzij met de hand)
Eikel omvat: ja
Schacht omvat: ja

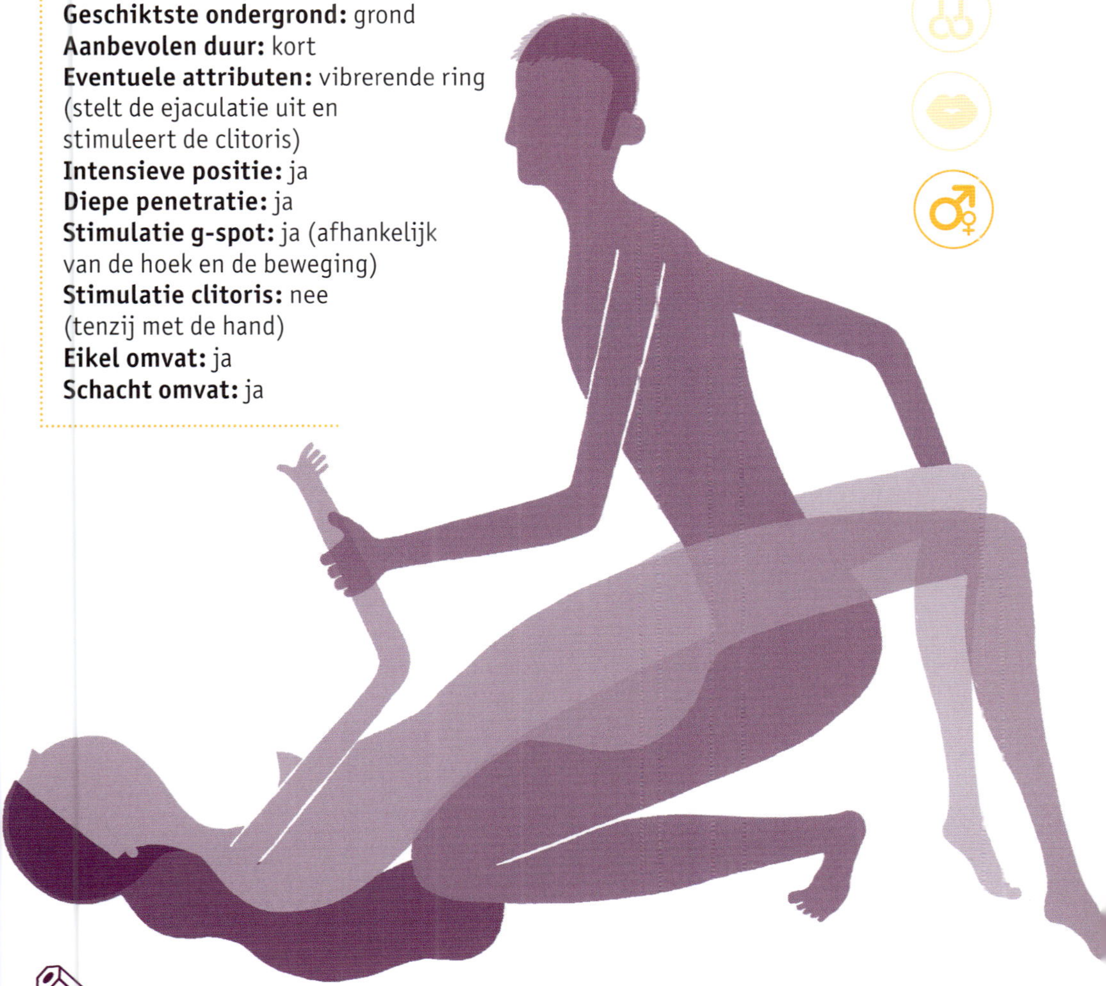

Jullie score: zij ☆☆☆☆☆ hij ☆☆☆☆☆

De Winkelhaak

Een intensieve, stimulerende positie die zowel hem als haar opwindt... Wat kan een mens zich nog meer wensen?

Een heel stevige tafel waarschijnlijk, want voor deze positie heb je een stabiele ondergrond nodig die haar gewicht en zijn grote stoten kan opvangen.
De Winkelhaak voer je sowieso niet uit in de slaapkamer. Deze kleine afwijking van de normale vrijplek zorgt al voor een zekere opwinding. Zij kan zich onderdanig aan hem overgeven terwijl hij, met beide voeten stevig op de grond, zichzelf een veroveraar kan wanen.
Let op, want dit is waarschijnlijk een van de houdingen die de diepste en krachtigste penetratie mogelijk maken. De diepste zones van haar vagina worden gestimuleerd tijdens zijn ietwat brutale stoten. Hij moet zijn moment van ejaculatie goed onder controle kunnen houden om de intensieve, allesomvattende heen- en weergaande beweging te kunnen volhouden.

Plezier voor twee Een van de grote voordelen van deze houding is dat hij de hoek van zijn penetratie heel zorgvuldig kan bepalen. Als de geliefden tijdens het vrijen openhartig met elkaar kunnen praten, kan hij heel specifiek de g-spot stimuleren (of een andere zone die haar voorkeur heeft) door de hoogte van zijn bekken lichtjes te wijzigen.

Categorie: hoofdgerecht
Stimulatie bij haar: *****
Stimulatie bij hem: *****
Intensiteit: *****
Comfort: *****

Erogene zones bereikbaar voor haar:
Bij hem: dijen, schaamheuvel, buik, borstkas
Bij haarzelf: haren, mond, gezicht, borsten, buik, schaamheuvel, clitoris
Erogene zones bereikbaar voor hem:
Bij haar: borsten, buik, schaamheuvel, dijen, clitoris
Bij hemzelf: haren, mond, gezicht, borstkas, buik

Geschiktste ondergrond: tafel of werkblad
Aanbevolen duur: middellang
Eventuele attributen: kleine vibrator voor de clitoris, vibrerende ring (stelt de ejaculatie uit en stimuleert de clitoris)
Intensieve positie: ja
Diepe penetratie: ja
Stimulatie g-spot: ja (afhankelijk van de hoek en de beweging)
Stimulatie clitoris: nee (tenzij met de hand of een vibrator)
Eikel omvat: ja
Schacht omvat: ja

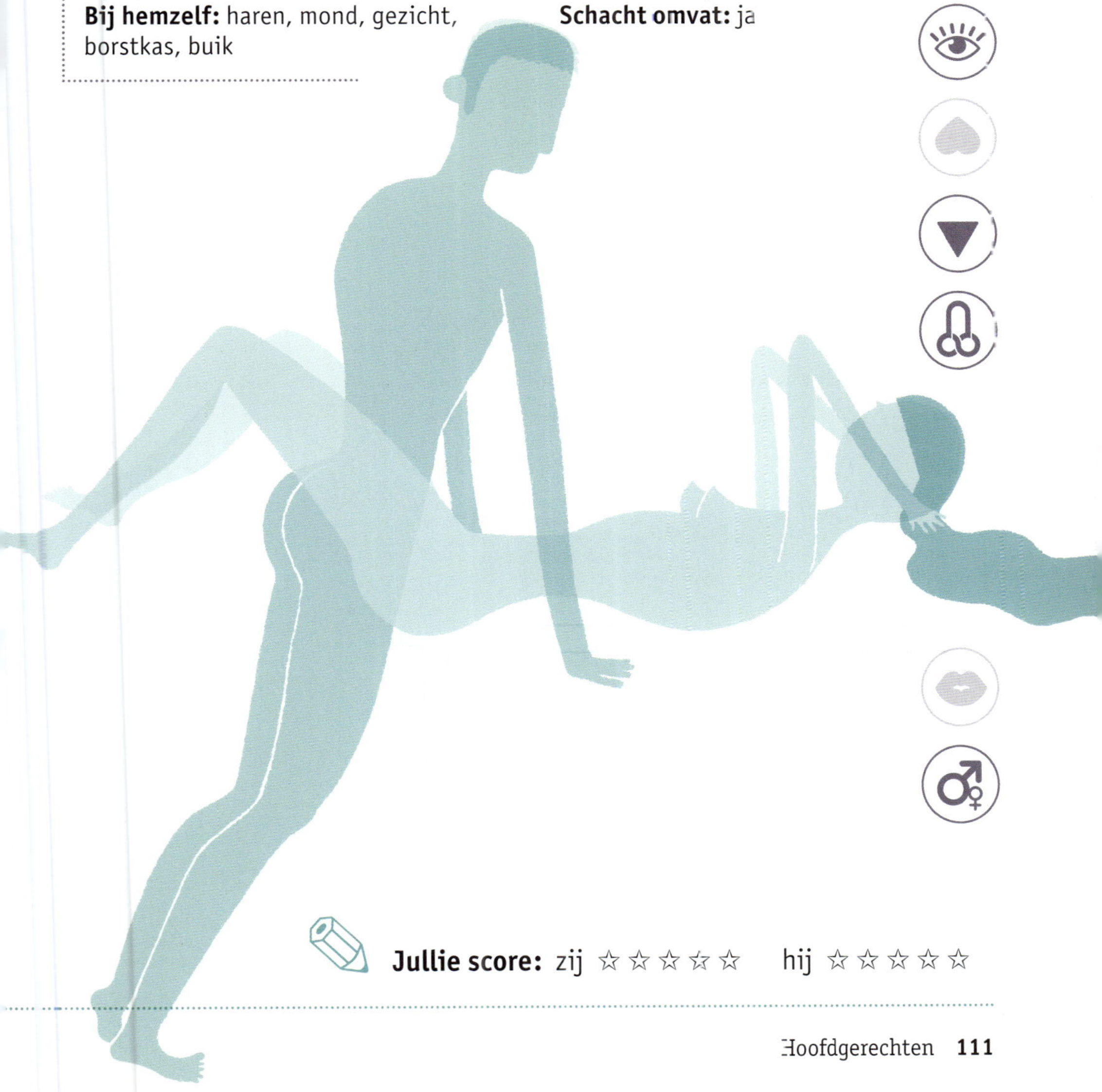

Jullie score: zij ☆ ☆ ☆ ☆ ☆ hij ☆ ☆ ☆ ☆ ☆

De Ontloken Bloem

De Ontloken Bloem is een combinatie van andere posities, een zoet compromis tussen controle en genot.

De Ontloken Bloem is iets sportiever dan de Schelp (blz. 100), minder radicaal dan de Deinende Boot (blz. 70) en een eenvoudig, stimulerend alternatief voor klassieke houdingen zoals de Missionaris (blz. 60) en de Verliefde (blz. 62). Doordat zij haar bekken naar achteren kantelt, haar dijen spreidt en haar benen buigt, komt haar vulva ver open te staan, wat voor een gemakkelijke en heel diepe penetratie zorgt. Vindt hij het ongemakkelijk om op zijn armen te steunen, dan kan hij zijn buik op de billen en dijen van zijn partner laten rusten. Deze heftige positie in combinatie met het rechtstreekse oogcontact kan leiden tot speelse en intieme verbale uitlatingen. Wanneer zij woorden als 'ga diep' en 'neem mij' zegt, zal ze het vuur bij haar partner nog meer oplaaien.

Variant De vrouw kan haar benen aan weerszijden van zijn romp strekken, zoals de twee wijzers van een kompas. Die positie noemen we de Vlinder.

Categorie: hoofdgerecht

Stimulatie bij haar: ★★★★☆
Stimulatie bij hem: ★★★★☆
Intensiteit: ★★★★☆
Comfort: ★★★☆☆

Erogene zones bereikbaar voor haar:
Bij hem: gezicht, mond, hals, buik, borstkas
Bij haarzelf: haren, mond, gezicht, borsten, buik, schaamheuvel, clitoris
Erogene zones bereikbaar voor hem:
Bij haar: gezicht, mond, borsten, buik, schaamheuvel, dijen
Bij hemzelf: haren, mond, gezicht, borstkas, buik

Geschiktste ondergrond: bed
Aanbevolen duur: middellang
Eventuele attributen: vibrerende ring
(stelt de ejaculatie uit en stimuleert de clitoris)
Intensieve positie: ja
Diepe penetratie: ja
Stimulatie g-spot: nee
Stimulatie clitoris: ja (basis van de penis en schaamheuvel, afhankelijk van de hoek)
Eikel omvat: ja
Schacht omvat: ja

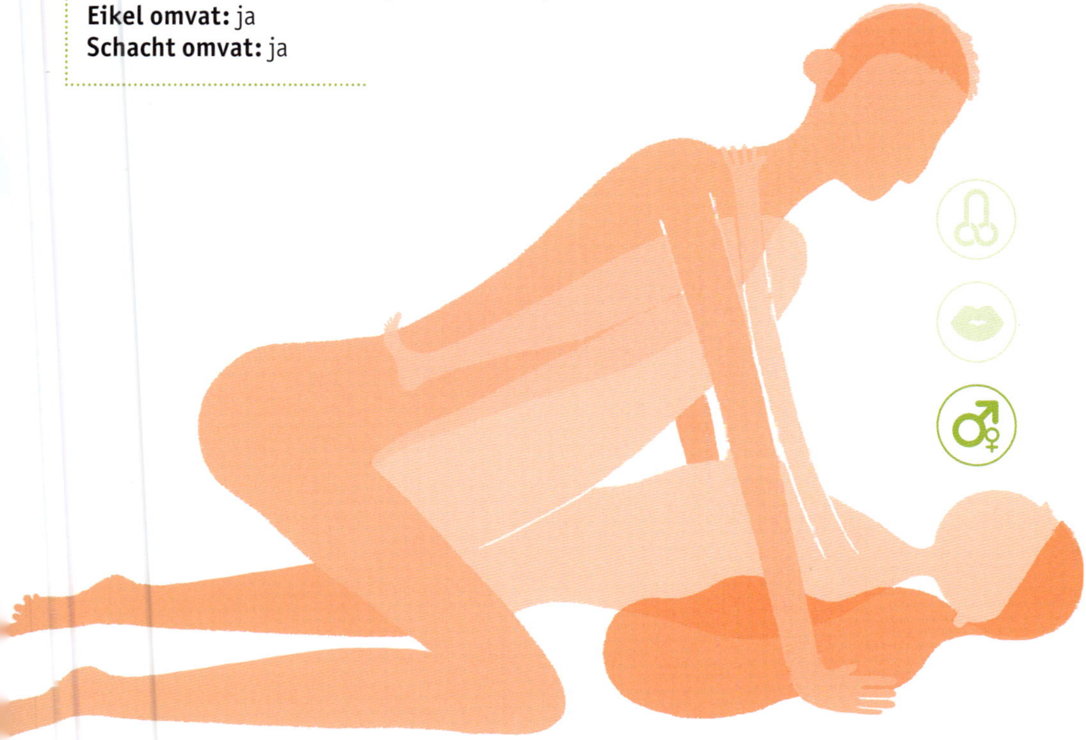

Jullie score: zij ☆ ☆ ☆ ☆ ☆ hij ☆ ☆ ☆ ☆ ☆

De Tijger

Hij sluipt dichterbij… is daar, klaar om zijn prooi te verslinden… de Tijger! Een dierlijke, speelse en sensuele houding.

De vrouw is net ontwaakt. Ze doezelt nog wat, voelt de aanwezigheid van haar partner achter zich en toont uitdagend haar achterste aan haar geliefde. Hij zou haar bij de taille kunnen vastgrijpen en overeind trekken, maar het is verleidelijker om zich op haar te storten als een prooidier terwijl hij geniet van het o zo opwindende uitzicht op haar achterste en vulva.
De daaruit voortvloeiende penetratie is niet optimaal, maar dat tekort wordt ruimschoots goedgemaakt door het dierlijke contact tussen de twee lichamen. Hij neemt bezit van zijn geliefde en komt in de verleiding om zijn klauwen uit te slaan (rug, lenden, schouders) of lichtjes te bijten (hals, oren, taille).

Plezier voor één Met haar knieën licht gebogen en haar bekken omhoog kan zij een hand onder haar buik door steken. Terwijl hij haar penetreert, kan ze naar hartenlust spelen met haar clitoris, wat hem nog meer zal opwinden.

Categorie: hoofdgerecht
Stimulatie bij haar: *****
Stimulatie bij hem: *****
Intensiteit: *****
Comfort: *****

Erogene zones bereikbaar voor haar:
Bij hem: geen
Bij haarzelf: haren, mond, gezicht, borsten, buik, schaamheuvel, clitoris
Erogene zones bereikbaar voor hem:
Bij haar: haren, gezicht, mond, borsten, buik, schaamheuvel, dijen
Bij hemzelf: haren, mond, gezicht, borstkas

Geschiktste ondergrond: bed
Aanbevolen duur: middellang
Eventuele attributen: kleine vibrator voor de clitoris
Intensieve positie: ja
Diepe penetratie: nee
Stimulatie g-spot: ja (afhankelijk van de hoek)
Stimulatie clitoris: nee (tenzij met de hand of een vibrator)
Eikel omvat: ja
Schacht omvat: nee

Jullie score: zij ☆ ☆ ☆ ☆ ☆ hij ☆ ☆ ☆ ☆ ☆

De L

Een traditionele positie uit de tantrische massage die garant staat voor een zachte, langdurige vrijpartij die volledig gewijd is aan haar genot.

Bij de L staat haar genot centraal. Oorspronkelijk was dit een van de courantste massagehoudingen bij liefhebbers van tantrische erotiek. De man gaat comfortabel zitten terwijl de vrouw haar dijen op de zijne laat rusten en languit gaat liggen met de rug naar hem toe. De aanblik van haar gewelfde billen is voor hem voldoende motivatie om haar alle verlangde liefkozingen te schenken.
Terwijl hij haar (tamelijk ondiep) penetreert, kan hij zijn handen over het lichaam van zijn partner laten gaan: lichtjes strelen over haar dijen, haar billen kneden (waartussen haar geslachtsorgaan als een rijpe vrucht zit), zachte of iets steviger klopjes op haar lenden en rug geven.
Voor elke vrouw die op deze manier verwend wordt, is het een hele uitdaging om niet te gaan spinnen!

Extraatje

Zoals gezegd is dit een positie voor koppels die heel attent voor en hecht zijn met elkaar. Zij onthult volledig en zonder reserves haar intieme zone en in het bijzonder haar anus. Als ze dat wenst kan haar geliefde voorzichtig dat gevoelige plekje stimuleren met een natte vinger of een kleine vibrator.

Categorie: hoofdgerecht
Stimulatie bij haar: ★★★☆☆
Stimulatie bij hem: ★★☆☆☆
Intensiteit: ★★☆☆☆
Comfort: ★★★★☆

Erogene zones bereikbaar voor haar:
Bij hem: voeten, knieholten, dijen
Bij haarzelf: haren, mond, gezicht, borsten
Erogene zones bereikbaar voor hem:
Bij haar: dijen, billen, anus, rug
Bij hemzelf: haren, mond, gezicht, borstkas, buik, schaamheuvel

Geschiktste ondergrond: bed
Aanbevolen duur: middellang tot lang
Eventuele attributen: kleine vibrator voor de anus, anaal speelgoed
Intensieve positie: nee
Diepe penetratie: nee
Stimulatie g-spot: nee
Stimulatie clitoris: nee
Eikel omvat: ja
Schacht omvat: nee

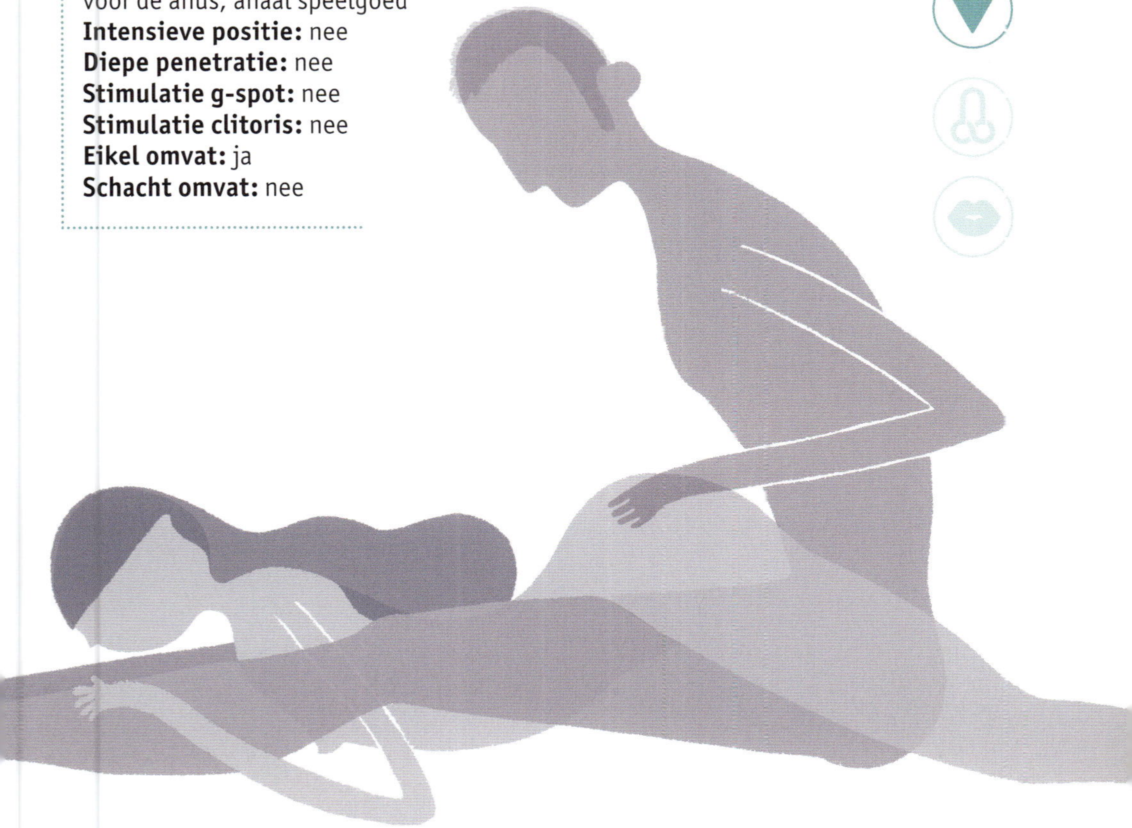

Jullie score: zij ☆ ☆ ☆ ☆ ☆ hij ☆ ☆ ☆ ☆ ☆

De M

De M is minder statisch dan ze lijkt en een houding die leidt tot een nieuw sensueel elan, zowel stimulerend als rustgevend, met de belofte van nieuw genot.

Net zoals de Tête-à-tête kunnen de in elkaar verstrengelde lichamen bij de M opnieuw op krachten komen terwijl een zachte en diepe penetratie voor een sensuele verbintenis zorgt.
Omdat hun handen voor de nodige steun zorgen, kunnen de geliefden zich concentreren op de naar voren en achteren rollende beweging. Nadat ze dat een tijdje synchroon hebben gedaan, wordt de beweging vloeiender en zijn de sensaties steeds heftiger.
Als hij zijn bekken naar voren kantelt, kan hij met de voorkant van zijn eikel zelfs haar g-spot liefkozen bij elke nieuwe stoot.
Ondanks het rechtstreekse oogcontact hoeven de partners niet met elkaar te praten. De intensiteit van dit gedeelde intieme moment kan ook gepaard gaan met intense blikken en veelzeggende zuchten.

Plezier voor twee Omdat jullie handen jullie ondersteunen, kunnen jullie ook een spelletje spelen met jullie geslachtsorganen. Trek om beurten je perineum samen. Zij klemt zo haar vagina rondom zijn penis en hij geeft met zijn geslachtsorgaan kleine 'klopjes' in de vagina van zijn partner.

Categorie: hoofdgerecht
Stimulatie bij haar: *****
Stimulatie bij hem: *****
Intensiteit: *****
Comfort: *****

Erogene zones bereikbaar voor haar:
Bij hem: geen
Bij haarzelf: geen
Erogene zones bereikbaar voor hem:
Bij haar: geen
Bij hemzelf: geen

Geschiktste ondergrond: stevig bed of grond
Aanbevolen duur: middellang
Eventuele attributen: vibrerende ring (stelt de ejaculatie uit en stimuleert de clitoris)
Intensieve positie: nee
Diepe penetratie: ja
Stimulatie g-spot: ja
Stimulatie clitoris: nee
Eikel omvat: ja
Schacht omvat: ja

Jullie score: zij ☆ ☆ ☆ ☆ ☆ hij ☆ ☆ ☆ ☆ ☆

De X

Wat als jullie slechts twee anonieme geslachtsorganen zijn die elkaar bij toeval ontmoeten in de slaapkamer?

Dat is het uitgangspunt van deze positie. De gezichten van de geliefden kunnen nauwelijks verder van elkaar verwijderd zijn. Alleen de geslachtsorganen hebben contact met elkaar. De penetratie is verre van ideaal en kan zelfs ongemakkelijk aanvoelen voor hem omdat ze ingaat tegen de richting van een natuurlijke erectie.
Voor haar voelt die spanning vanbinnen aangenaam aan, vooral als in deze hoek haar g-spot gestimuleerd wordt. Veel bewegen is niet mogelijk, de geslachtsorganen kunnen elkaar slechts wat prikkelen.
Bij de X speelt vooral de verbeelding een rol. Door de afstand ten opzichte van de partner kunnen beiden zich naar hartenlust overgeven aan fantasieën. Van wie is dat uitnodigende geslachtsorgaan? Wie is die onbekende?

Plezier voor twee Doordat elke partner zijn geliefde tussen de dijen klemt, kunnen ze – bij voorkeur om beurten – de bankschroef nog wat extra aandraaien. Door die contractie beklemtoont elk van beiden de aanwezigheid van zijn geslachtsorgaan in of om dat van de ander.

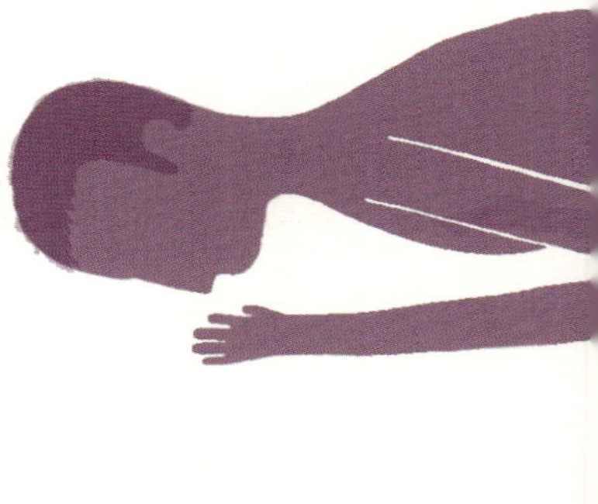

Categorie: hoofdgerecht
Stimulatie bij haar: ★★☆☆☆
Stimulatie bij hem: ★☆☆☆☆
Intensiteit: ★★☆☆☆
Comfort: ★★★★☆

Erogene zones bereikbaar voor haar:
Bij hem: voeten, dijen, billen, anus
Bij haarzelf: gezicht, mond, borsten, buik, schaamheuvel, clitoris
Erogene zones bereikbaar voor hem:
Bij haar: voeten, dijen, billen, anus
Bij hemzelf: gezicht, mond, borstkas, buik, schaamheuvel

Geschiktste ondergrond: bed of grond
Aanbevolen duur: middellang
Eventuele attributen: kleine vibrator voor de anus
Intensieve positie: nee
Diepe penetratie: nee
Stimulatie g-spot: ja
Stimulatie clitoris: ja (dij)
Eikel omvat: ja
Schacht omvat: nee

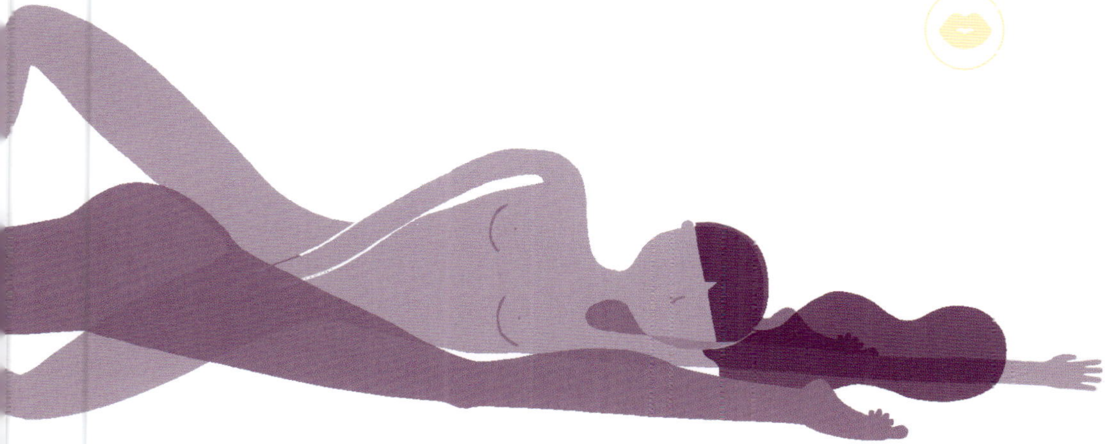

Jullie score: zij ☆ ☆ ☆ ☆ ☆ hij ☆ ☆ ☆ ☆ ☆

De Zuiger

Deze energieke variant op de Schelp bevat een subtiele techniek die de positie niet mechanisch maakt, maar de opwinding van de partners vergroot.

De belangrijkste aanpassing op de Schelp (zie blz. 100) is dat de vrouw haar benen optrekt tegen haar borst en haar voetzolen op de borstkas van haar partner plaatst.

Als eerste gevolg daarvan ontstaat er een grotere spreiding van de dijen, wat een nog diepere penetratie mogelijk maakt. Kijk uit, dames, want die gaat echt heel diep. Het tweede gevolg ontstaat door de buiging van haar benen. Ze hoeft ze alleen nog wat meer te buigen om de penetratie nóg dieper te maken. Of ze kan met haar voetzolen haar geliefde achteruit duwen zodat hij zich gedeeltelijk terugtrekt.

De Zuiger is dus niet helemaal wat het lijkt: je zou denken dat dit een typische positie van mannelijke dominantie is, maar in feite is het de vrouw die de controle houdt over de intensiteit.

Variant Doordat de vrouw de controle heeft over de diepte van de penetratie, is deze positie populair bij liefhebbers van anale seks: even met de voeten tegen de borstkas van de partner duwen en die begrijpt meteen dat hij wat minder vurig moet tekeergaan.

Categorie: hoofdgerecht
Stimulatie bij haar: ★★★★☆
Stimulatie bij hem: ★★★★☆
Intensiteit: ★★★★☆
Comfort: ★★☆☆☆

Erogene zones bereikbaar voor haar:
Bij hem: dijen, schaamheuvel, buik, borstkas
Bij haarzelf: gezicht, mond, borsten, buik, schaamheuvel, clitoris
Erogene zones bereikbaar voor hem:
Bij haar: gezicht, mond, borsten, buik, schaamheuvel
Bij hemzelf: gezicht, mond, borstkas, buik, schaamheuvel

Geschiktste ondergrond: stevig bed of grond
Aanbevolen duur: middellang
Eventuele attributen: vibrerende ring (stelt de ejaculatie uit en stimuleert de clitoris)
Intensieve positie: ja
Diepe penetratie: ja
Stimulatie g-spot: ja (afhankelijk van de hoek)
Stimulatie clitoris: ja (basis van de penis en schaamheuvel, afhankelijk van de hoek)
Eikel omvat: ja
Schacht omvat: ja

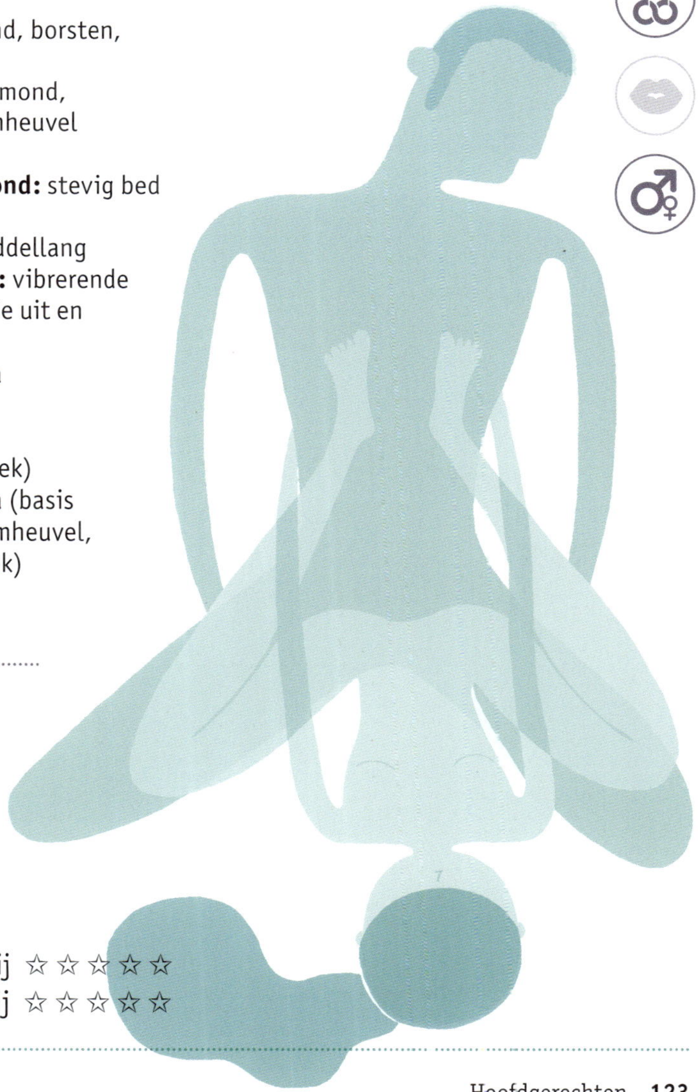

Jullie score: zij ☆ ☆ ☆ ☆ ☆
hij ☆ ☆ ☆ ☆ ☆

Het Hangslot

Een weinig ophefmakende positie, maar bijzonder geschikt om de g-spot te stimuleren.

Hoewel deze positie heel sterk lijkt op de Winkelhaak (zie blz. 110), biedt het Hangslot heel andere sensaties. Wanneer de vrouw rechtop zit en met haar handen op een tafel of werkblad steunt, wijzigt ze in aanzienlijke mate de hoek waarin de penis haar vagina penetreert. De penetratie is daardoor minder diep. Heen en weer bewegen wordt iets lastiger door de geringere bewegingsvrijheid. Terwijl het er minder krachtig aan toegaat, is de stimulatie groter. Deze houding is ideaal voor een nauwkeurige en langdurige liefkozing van de g-spot. Wanneer ze haar knieën lichtjes buigt en haar bekken omhoogduwt, raakt de man de beroemde gevoelige plek met de bovenkant van zijn penis.

Plezier voor twee In deze houding worden de schaamheuvels spontaan tegen elkaar aangedrukt. Als zij haar buik en onderbuik bol maakt, kan ze haar clitoris tegen hem aandrukken en bij elke nieuwe golfbeweging stimuleren.

Categorie: hoofdgerecht
Stimulatie bij haar: ★★★★☆
Stimulatie bij hem: ★★★★☆
Intensiteit: ★★★☆☆
Comfort: ★★★☆☆

Erogene zones bereikbaar voor haar:
Bij hem: geen
Bij haarzelf: geen
Erogene zones bereikbaar voor hem:
Bij haar: gezicht, mond, borsten, buik, billen, lenden, schaamheuvel
Bij hemzelf: gezicht, mond, borstkas, buik, schaamheuvel

Geschiktste ondergrond: tafel, werkvlak
Aanbevolen duur: middellang
Eventuele attributen: vibrerende ring (stelt de ejaculatie uit en stimuleert de clitoris)
Intensieve positie: ja
Diepe penetratie: ja
Stimulatie g-spot: ja (afhankelijk van de hoek)
Stimulatie clitoris: ja (basis van de penis en schaamheuvel, afhankelijk van de hoek)
Eikel omvat: ja
Schacht omvat: ja

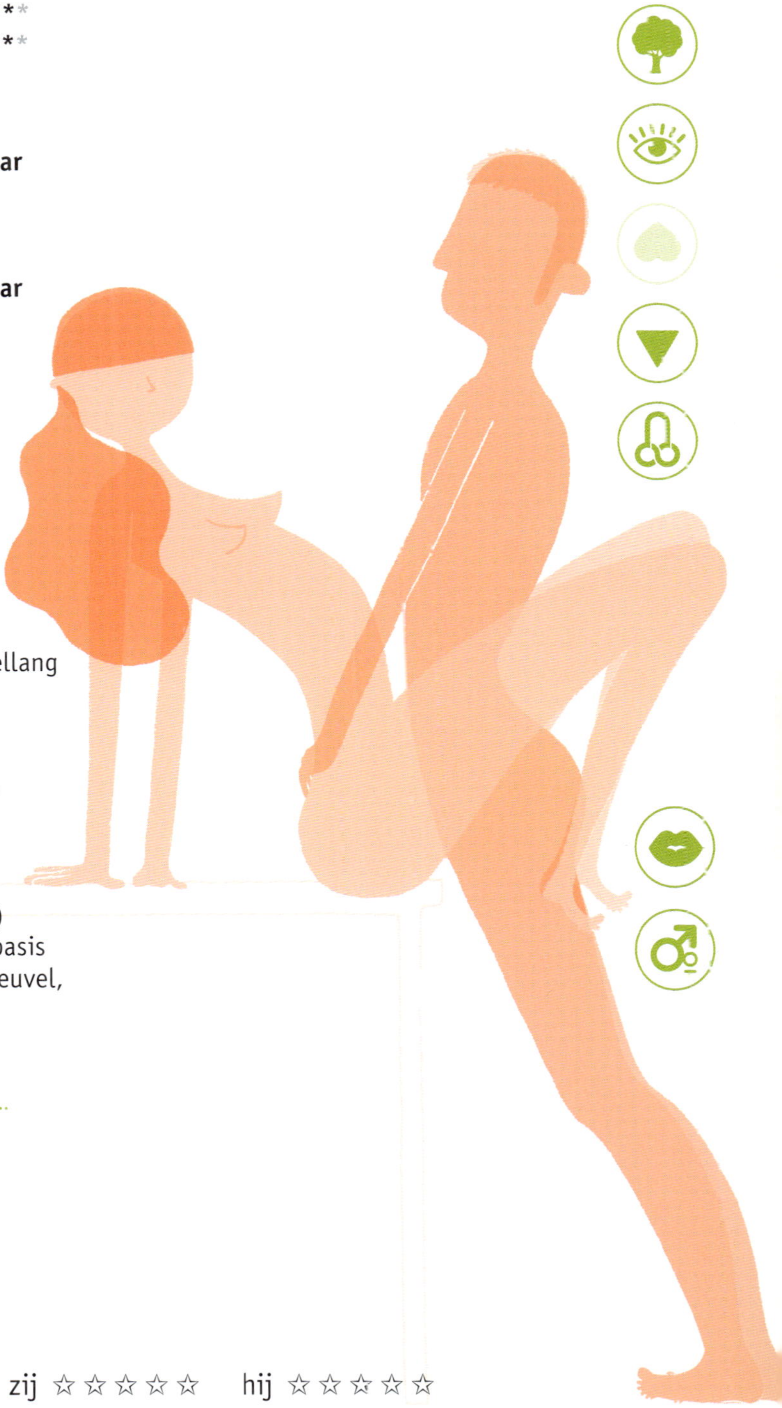

Jullie score: zij ☆ ☆ ☆ ☆ ☆ hij ☆ ☆ ☆ ☆ ☆

De Liaan

Een acrobatische houding van openheid en verticaliteit die exotiek, kracht en een uiterst opwindende stimulatie combineert.

In tegenstelling tot de Bamboe (zie blz. 54) vergt de Liaan energie en voorbereiding: de man tilt de dij van zijn partner op door er een hand onder te schuiven. Zodra het been half opgetild is, kan hij – zonder iets te forceren – de enkel van zijn geliefde vastpakken en de zo ontstane liaan uitrekken tot een lengte die zijn partner comfortabel vindt.
Om het evenwicht te bewaren kan zij met haar romp lichtjes naar achteren buigen of zich aan de borstkas van haar geliefde vastklampen met de armen om zijn nek. Deze positie zullen jullie niet lang volhouden, maar levert wel onvergetelijke herinneringen op!

Plezier voor één Omdat zijn geliefde aan hem is overgeleverd, kan de man naar hartenlust alle erogene zones verkennen die binnen handbereik liggen. Hij kan bijvoorbeeld haar billen kneden of de gedeeltelijk ontblote anus van zijn partner prikkelen.

Categorie: hoofdgerecht
Stimulatie bij haar: ★★★☆☆
Stimulatie bij hem: ★★☆☆☆
Intensiteit: ★★☆☆☆
Comfort: ★☆☆☆☆

Erogene zones bereikbaar voor haar:
Bij hem: mond, gezicht, hals, borstkas, buik
Bij haarzelf: mond, gezicht, borsten, buik, schaamheuvel
Erogene zones bereikbaar voor hem:
Bij haar: gezicht, mond, borsten, buik, billen, lenden, schaamheuvel, anus
Bij hemzelf: gezicht, mond, borstkas, buik, schaamheuvel

Geschiktste ondergrond: stabiele grond
Aanbevolen duur: kort
Eventuele attributen: vibrerende ring (stelt de ejaculatie uit en stimuleert de clitoris)
Intensieve positie: ja
Diepe penetratie: nee
Stimulatie g-spot: ja (afhankelijk van de hoek)
Stimulatie clitoris: nee (tenzij met de hand)
Eikel omvat: ja
Schacht omvat: nee

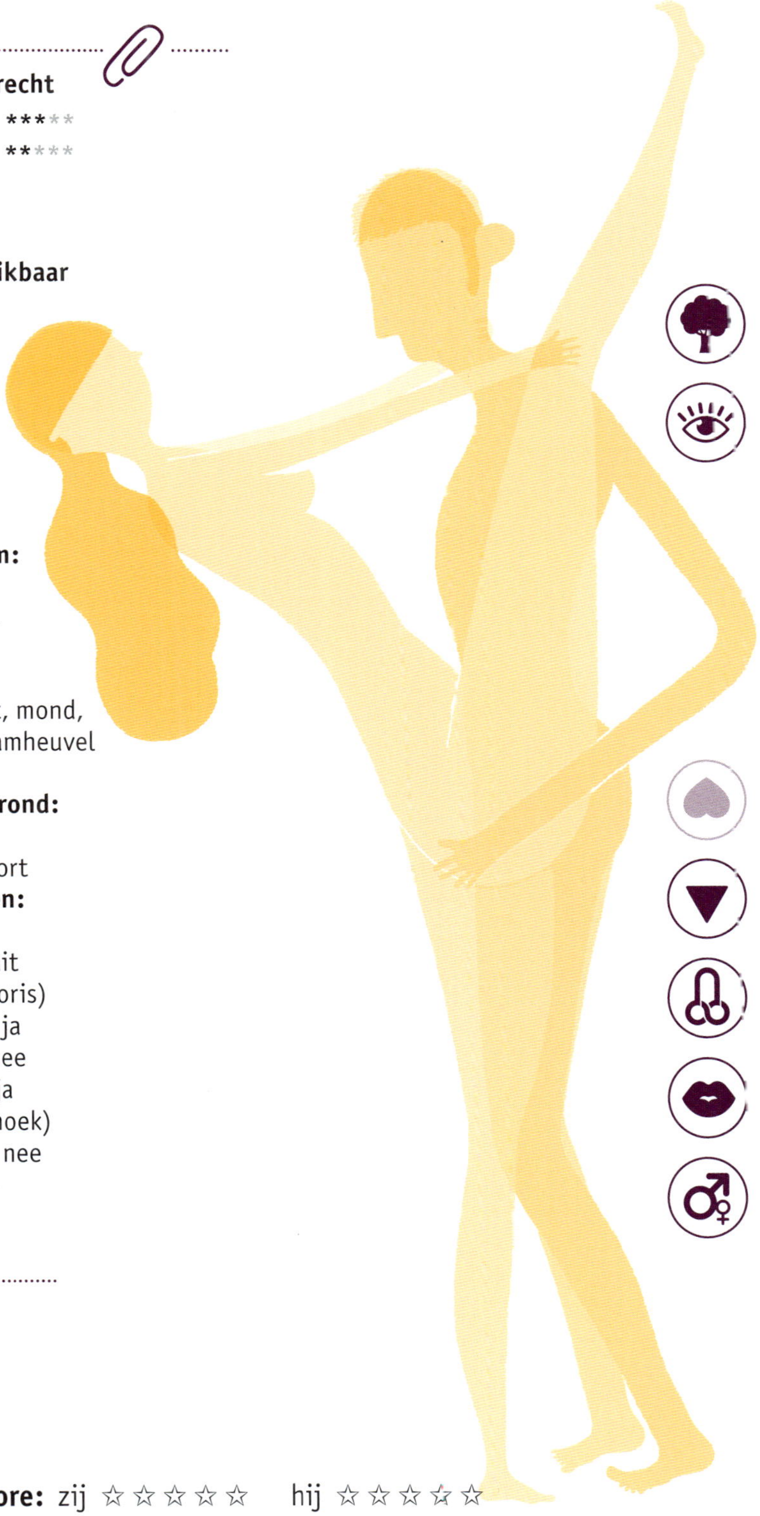

Jullie score: zij ☆ ☆ ☆ ☆ ☆ hij ☆ ☆ ☆ ☆ ☆

De Huzaar

Een positie voor spontane vrijpartijen, om te improviseren waar of wanneer je maar wilt.

Deze weinig subtiele houding heeft als voordeel dat geliefden in bijna elke situatie de liefde kunnen bedrijven. De vrouw heeft niet meer dan een hoek van een meubel of een stukje muur nodig om op te leunen.
De rest is een kwestie van geometrie. Als ze dat wil kan ze haar romp omlaag buigen, haar rug krommen of rechtop gaan staan. Hij buigt of strekt zijn benen zodat hij haar zacht of hard kan penetreren. In bijna alle gevallen is de penetratie diep en heerlijk orgastisch. Sommige vrouwen genieten van de fantasie dat ze 'bij verrassing' genomen worden.
Als ze dat toelaat, kan hij speelse klapjes op haar aan hem gepresenteerde achterste geven.
Na enkele stoten beven de knieën soms lichtjes, maar die sluimerende koortsachtigheid is heerlijk bedwelmend!

Anekdote

De naam van deze positie verwijst naar de woeste huzaren, soldaten van de lichte ruiterij, die zich door niets of niemand lieten tegenhouden om hun wil op te leggen.

Categorie: hoofdgerecht
Stimulatie bij haar: *****
Stimulatie bij hem: *****
Intensiteit: *****
Comfort: *****

Erogene zones bereikbaar voor haar:
Bij hem: geen
Bij haarzelf: mond, gezicht, borsten, buik, schaamheuvel, clitoris
Erogene zones bereikbaar voor hem:
Bij haar: billen, dijen, lenden, schaamheuvel, anus
Bij hemzelf: gezicht, mond, borstkas, buik, schaamheuvel

Geschiktste steun: stoel, meubel, muur
Aanbevolen duur: middellang
Eventuele attributen: geen
Intensieve positie: ja
Diepe penetratie: ja
Stimulatie g-spot: nee
Stimulatie clitoris: nee (tenzij met de hand)
Eikel omvat: ja
Schacht omvat: ja

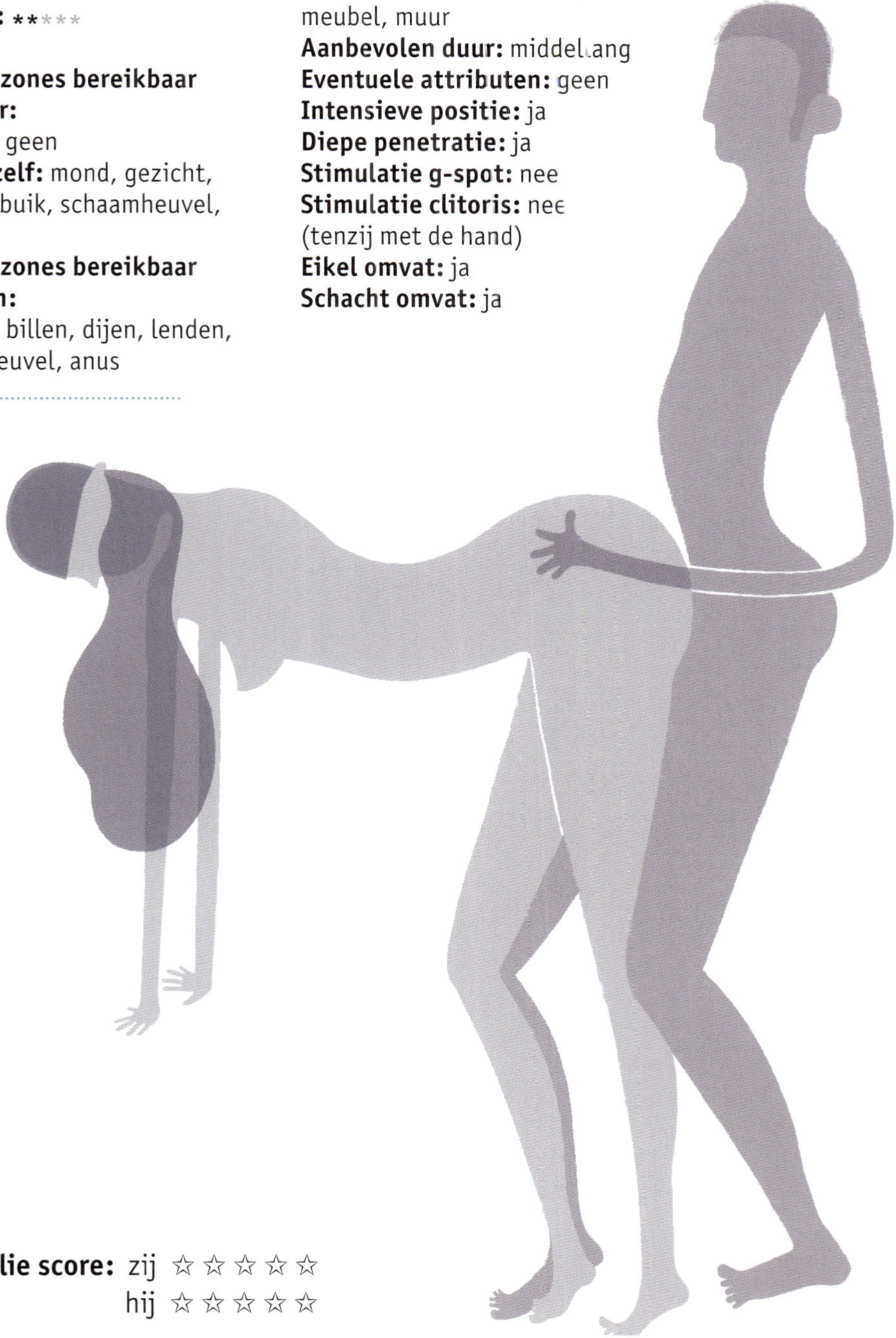

Jullie score: zij ☆ ☆ ☆ ☆ ☆
hij ☆ ☆ ☆ ☆ ☆

De Tafel

Een woeste en onbeteugelde coïtus met sterke sensaties, voor hechte koppels.

Neem de positie van de Winkelhaak (blz. 110) in, draai de vrouw met het gezicht naar de tafel en je krijgt ongeveer zoiets als de Tafel. Het verschil is dat de billen zich deze keer niet op de rand van de ondergrond bevinden, maar naar achteren steken en dat beide voeten op de grond staan. Bij elke stoot van haar geliefde voelt ze de tafel onder zich trillen.
De man strekt of buigt zijn knieën om de juiste hoek voor zijn penetratie te kiezen. Hoe meer hij zijn benen strekt, hoe beter hij de g-spot van zijn geliefde kan stimuleren.
Lijkt de weg hem niet voldoende vrij, dan kan hij de dijen van zijn partner spreiden of haar vragen om een been op de tafel onder haar buik te vouwen.

Plezier voor één Heren, wensen jullie je partner aangenaam te verrassen? Trek je dan zonder waarschuwing terug, kniel neer bij haar billen, lik haar ver openstaande geslachtsorgaan of stop je tong op de plek waar je geslachtsorgaan net nog zinderde.

Categorie: hoofdgerecht
Stimulatie bij haar: ★★★★☆ **Stimulatie bij hem:** ★★★★☆
Intensiteit: ★★★★☆ **Comfort:** ★★★☆☆

Erogene zones bereikbaar voor haar:
Bij hem: geen
Bij haarzelf: haren, mond, gezicht
Erogene zones bereikbaar voor hem:
Bij haar: billen, dijen, lenden, anus, clitoris, rug
Bij hemzelf: gezicht, mond, borstkas, buik, schaamheuvel, dijen

Geschiktste steun: tafel of werkblad
Aanbevolen duur: middellang tot lang
Eventuele attributen: anaal speelgoed zoals anaalparels of -plug
Intensieve positie: ja
Diepe penetratie: ja
Stimulatie g-spot: ja
Stimulatie clitoris: nee (tenzij met de hand)
Eikel omvat: ja
Schacht omvat: ja

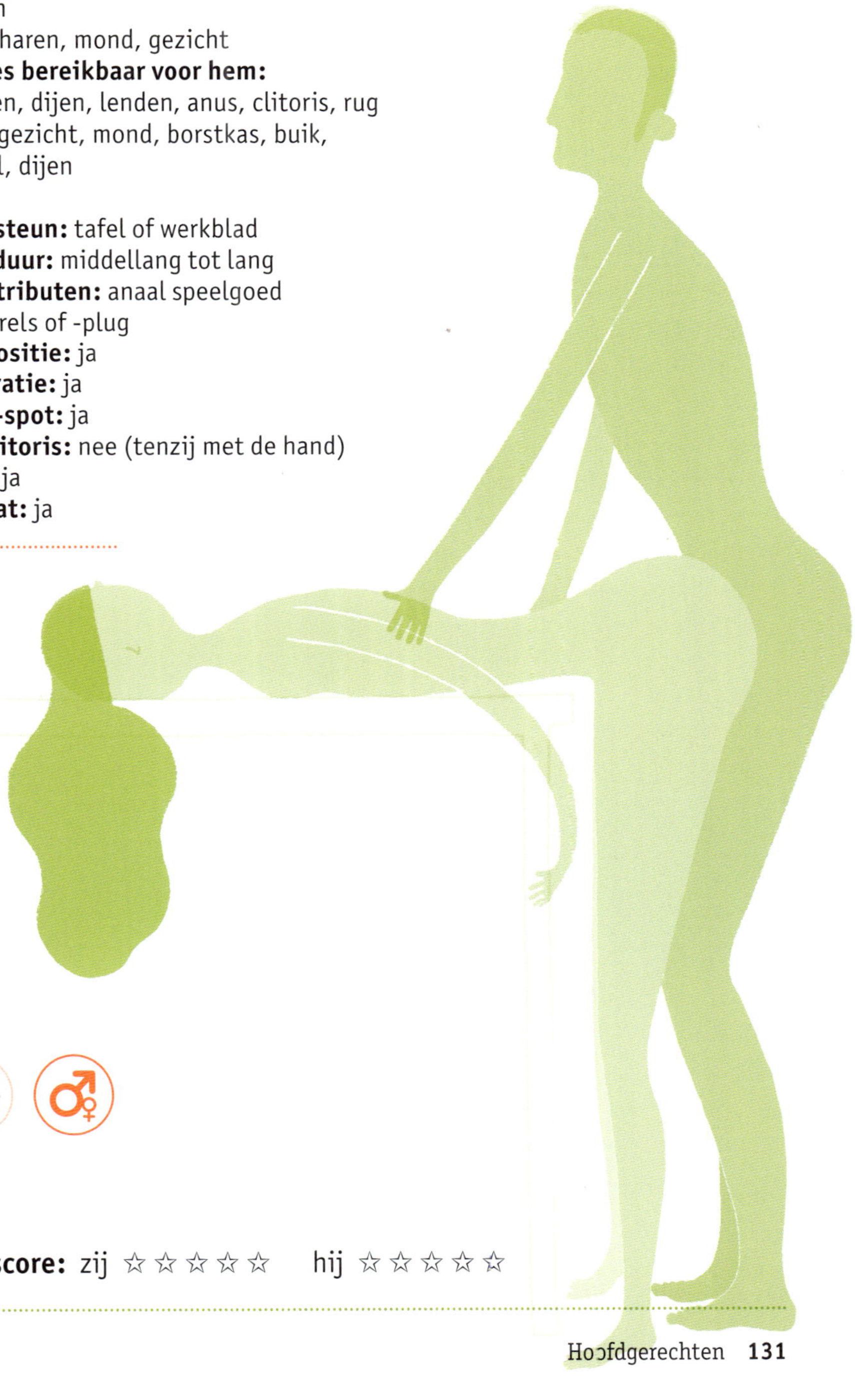

Jullie score: zij ☆ ☆ ☆ ☆ ☆ hij ☆ ☆ ☆ ☆ ☆

De Grote Zuiger

De Grote Zuiger verenigt de kracht van de Winkelhaak met de gecontroleerde sensaties van de Zuiger.

Net zoals bij de Zuiger geldt hier het principe waarbij de diepte van de penetratie geregeld wordt door het ingenieuze veersysteem, maar in dit geval is controle sterker vereist doordat de partner, die deze keer met beide voeten op de grond staat, een veel grotere bewegingsvrijheid heeft.
Toch kunnen zijn stoten elkaar goed opvolgen, want zij staat als enige aan het roer. Met één voet kan ze de kracht en diepte van de penetratie wijzigen. Steekt ze het andere been over de arm van haar geliefde, dan kan ze zelfs de hoek bepalen door op de heup of schaamheuvel van haar partner te duwen.

Extraatje

Niet alle koppels zijn fans van deze praktijk, maar deze houding is enorm geschikt om het eens te proberen: dames, strek een van je benen zodat je tenen binnen zijn mondbereik komen. Hij zal er met genoegen op sabbelen.

Categorie: hoofdgerecht
Stimulatie bij haar: *****
Intensiteit: *****
Stimulatie bij hem: *****
Comfort: *****

Erogene zones bereikbaar voor haar:
Bij hem: schaamheuvel, buik, borstkas
Bij haarzelf: haren, mond, gezicht, borsten, buik, schaamheuvel, clitoris
Erogene zones bereikbaar voor hem:
Bij haar: billen, dijen, anus, clitoris, schaamheuvel, buik
Bij hemzelf: gezicht, mond, borstkas, buik, schaamheuvel, dijen

Geschiktste steun: tafel, hoog bed of werkblad
Aanbevolen duur: middellang
Eventuele attributen: geen
Intensieve positie: ja
Diepe penetratie: ja
Stimulatie g-spot: ja (afhankelijk van de hoek)
Stimulatie clitoris: nee (tenzij met de hand)
Eikel omvat: ja
Schacht omvat: ja

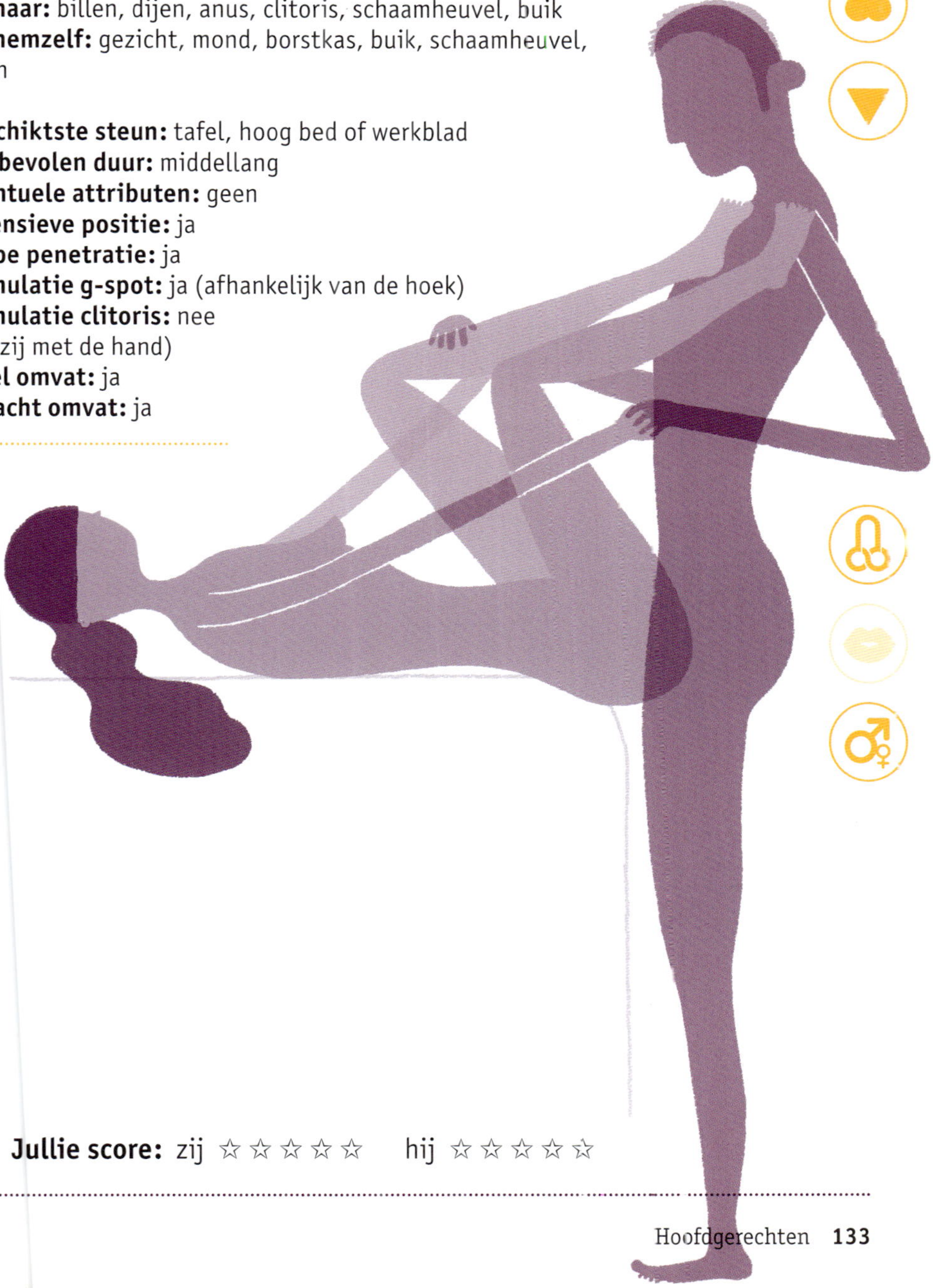

Jullie score: zij ☆ ☆ ☆ ☆ ☆ hij ☆ ☆ ☆ ☆ ☆

De Pomp

Weinig houdingen geven de vrouw zo'n rechtstreekse, volledige controle over het mannelijk genot: een must voor feministes!

De vrouw zit schrijlings op de onderbuik van haar partner en voert een perfect verticale beweging uit, waarbij ze de erectie in haar als richtas neemt. Met gespreide dijen kan ze die tot onverwachte diepten in haar lichaam brengen. Vrouwen die ervan genieten om helemaal gevuld te zijn, zullen dit lekker vinden; vrouwen die er moeite mee hebben dat hij in de buurt van hun baarmoedermond komt, kunnen deze techniek beter achterwege laten.
Toch is het heel opwindend om te genieten van het effect dat de Pomp heeft op de partner, die zich niet kan bewegen en verstomd van genot zal zijn. Geen enkele andere houding masseert immers zijn penis zo zacht en volledig terwijl hij opgezogen en weggeduwd wordt op de heerlijkst denkbare manier. Niet ejaculeren in deze positie is een grote uitdaging! De Pomp is dan ook geschikt om een lange vrijpartij mee af te ronden.

Plezier voor twee Als zij de volledige controle heeft over zijn genot, waarom daar dan niet mee spelen? Een natuurlijke oplossing om het genot te verlengen, is om bij elke opgaande beweging de penis alleen nog met het uiterste puntje van de eikel vast te houden. Ze stopt dan even met haar beweging om vervolgens het hongerige lid weer helemaal in zich op te nemen.

Categorie: hoofdgerecht
Stimulatie bij haar: *****
Stimulatie bij hem: *****
Intensiteit: *****
Comfort: *****

Erogene zones bereikbaar voor haar:
Bij hem: schaamheuvel, buik, borstkas
Bij haarzelf: haren, mond, gezicht, borsten, buik, schaamheuvel, clitoris
Erogene zones bereikbaar voor hem:
Bij haar: billen, dijen, clitoris, schaamheuvel, buik
Bij hemzelf: gezicht, mond, borstkas, buik, schaamheuvel, dijen

Geschiktste steun: grond of bed
Aanbevolen duur: middellang
Eventuele attributen: geen
Intensieve positie: ja
Diepe penetratie: ja
Stimulatie g-spot: ja (afhankelijk van de hoek)
Stimulatie clitoris: nee (tenzij met de hand)
Eikel omvat: ja
Schacht omvat: ja

Jullie score: zij ☆ ☆ ☆ ☆ ☆
hij ☆ ☆ ☆ ☆ ☆

De Lotus

De Lotus is een grote klassieker in de tantrische liefdeskunst, een tedere en alles versmeltende positie... die wat extra gekruid mag worden.

Bij de Lotus worden zo veel mogelijk erogene zones van beide partners met elkaar in contact gebracht. Het geslachtsorgaan en de handen zijn niet langer de enige stimulatiemiddelen die je ter beschikking hebt. Elk stukje huid kan je partner stimuleren.
Wanneer beide gezichten tegen elkaar worden gebracht, kunnen verzengende kussen volgen of speelse beten en liefkozingen. Om het geheel visueel pikanter te maken, laat de man zijn partner van zijn dijen glijden op de ondergrond waarop ze zitten. Het contact wordt daardoor minder hecht en hij kan haar vulva en clitoris aanraken.

Extraatje

Afhankelijk van jullie lichaamsbouw en de lengte van jullie armen kunnen jullie de anus van je partner aanraken. Streel, als jullie dat aangenaam vinden, de buitenste ring ervan met de top van je wijsvinger.

Categorie: dessert
Stimulatie bij haar: *****
Stimulatie bij hem: *****
Intensiteit: *****
Comfort: *****

Erogene zones bereikbaar voor haar:
Bij hem: haren, gezicht, mond, hals, schouders, borstkas, buik, billen, dijen, anus
Bij haarzelf: haren, mond, gezicht, borsten, dijen, schaamheuvel
Erogene zones bereikbaar voor hem:
Bij haar: haren, gezicht, mond, hals, schouders, buik, dijen, borsten, schaamheuvel, billen, anus
Bij hemzelf: gezicht, borstkas, buik, schaamheuvel, dijen

Geschiktste steun:
grond of stevig bed
Aanbevolen duur: lang
Eventuele attributen:
kleine vibrator voor de clitoris of anus, vibrerende ring
Intensieve positie: nee
Diepe penetratie: ja

Stimulatie g-spot: ja (afhankelijk van jullie afmetingen en de hoek)
Stimulatie clitoris: ja (basis van de penis en schaamheuvel, afhankelijk van de hoek)
Eikel omvat: ja
Schacht omvat: ja

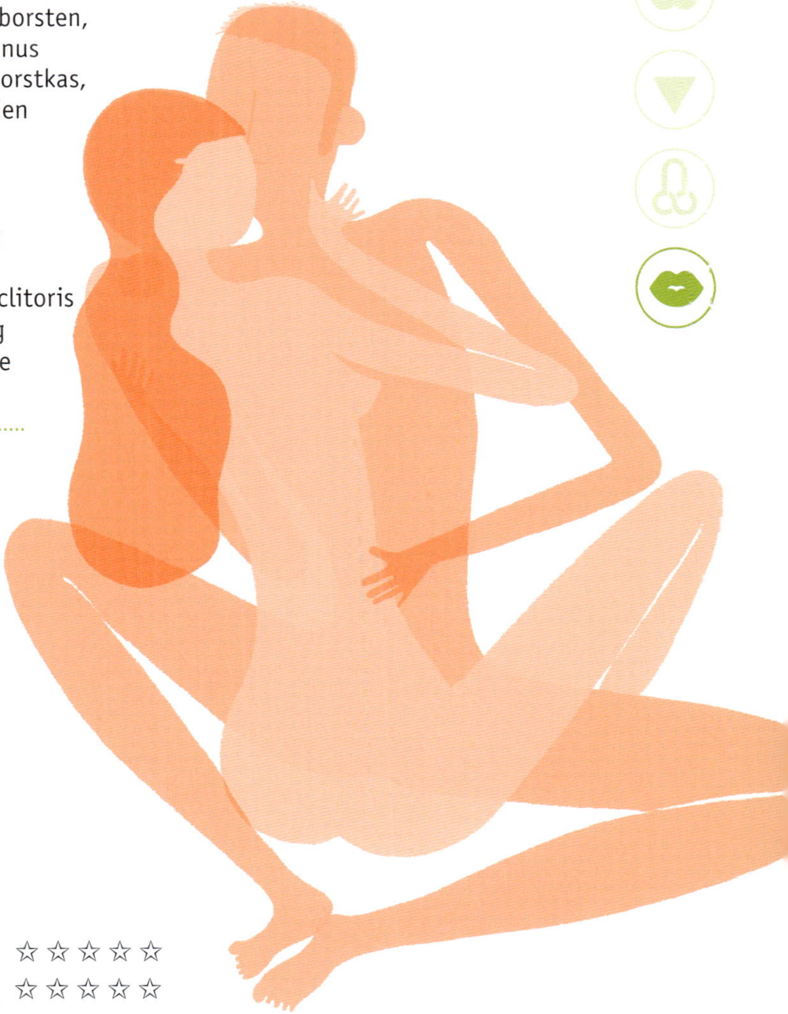

Jullie score: zij ☆ ☆ ☆ ☆ ☆
hij ☆ ☆ ☆ ☆ ☆

De Rustende

Zinnelijk en teder, geschikt voor een langzame stoeipartij; de ideale positie voor liefdesverklaringen achteraf.

Jullie hebben genot beleefd, de opwinding ebt weg. De behoefte om in elkaar verstrengeld te blijven is er nog steeds. De Rustende voldoet aan dat verlangen. Niets is zo eenvoudig en natuurlijk als deze uiterst comfortabele positie. De man zit, de vrouw gaat op hem zitten. Bij weinig posities komen jullie zo dicht bij elkaar en hebben jullie de handen zo vrij als bij deze. Dit is het perfecte moment om je partner eraan te herinneren hoeveel je van hem/haar houdt, hoe mooi je hem/haar vindt.
Wat lager zijn jullie in elkaar verstrengelde geslachtsorganen als het ware een echo van die verklaring. De penetratie is voldoende diep en behaaglijk, en bestaat uit een lichte voor- en achterwaartse schommeling.

Plezier voor één Is zij op haar honger blijven zitten? Een extraatje is altijd mogelijk! Ze kan haar romp in zijn armen achterover laten hangen, waarbij de stevige handen van haar geliefde in elkaar geweven zijn ter hoogte van haar taille. Nu haar schaamheuvel en clitoris ontbloot zijn, kan ze die naar hartenlust zelf stimuleren.

Categorie: dessert
Stimulatie bij haar: ★★★☆☆
Stimulatie bij hem: ★★☆☆☆
Intensiteit: ★★☆☆☆
Comfort: ★★★★☆

Erogene zones bereikbaar voor haar:
Bij hem: haren, gezicht, mond, hals, schouders, borstkas, buik, dijen
Bij haarzelf: haren, mond, gezicht, borsten, dijen, schaamheuvel
Erogene zones bereikbaar voor hem:
Bij haar: gezicht, mond, borsten, schaamheuvel, billen, dijen
Bij hemzelf: gezicht, mond, borstkas

Geschiktste steun: stoel of krukje
Aanbevolen duur: lang
Eventuele attributen: vibrerende ring
Intensieve positie: nee
Diepe penetratie: ja
Stimulatie g-spot: ja (afhankelijk van jullie afmetingen en de hoek)
Stimulatie clitoris: ja (basis van de penis en schaamheuvel)
Eikel omvat: ja
Schacht omvat: ja

Jullie score: zij ☆ ☆ ☆ ☆ ☆ hij ☆ ☆ ☆ ☆ ☆

De Omkering

Voldaan of toch bijna... Hij capituleert uiteindelijk en geeft zich ongebreideld over aan de kussen van zijn geliefde.

De Omkering is het moment waarop de wapens neergelegd worden, wanneer tederheid de overhand krijgt op dierlijkheid. De penetratie is niet diep en matig stimulerend. De g-spot is bereikbaar, maar dat veronderstelt een kanteling van haar bekken naar achteren. De bewegingen zijn weinig uitgesproken. De zinnelijkheid die is ontstaan door het nauwe contact tussen twee zinderende lichamen is onvergelijkbaar.
De vrouw kan de borstkas van haar man aanraken met de welving van haar borsten, zijn huid bezaaien met kusjes of hem voorzichtig krabben. Een lief katje, maar ook nog een beetje tijgerin. Deze handelingen en de aanblik ervan zullen haar 'prooi' bekoren, die ervan profiteert om met zijn handen de hem aangeboden billen te kneden of de wijd openstaande vulva te plagen.

Plezier voor twee In dit rustige en harmonieuze moment kunnen jullie proberen om beide lichamen als twee muziekinstrumenten op elkaar af te stemmen. Terwijl haar borstkas op de zijne ligt, kunnen jullie proberen om je ademhaling gelijk te laten lopen.

Categorie: dessert
Stimulatie bij haar: ★★☆☆☆
Stimulatie bij hem: ★★☆☆☆
Intensiteit: ★★☆☆☆
Comfort: ★★★★☆

Erogene zones bereikbaar voor haar:
Bij hem: haren, gezicht, mond, borstkas
Bij haarzelf: haren, mond, gezicht, borsten
Erogene zones bereikbaar voor hem:
Bij haar: haren, gezicht, mond, borsten, billen, dijen
Bij hemzelf: haren, gezicht, mond, scrotum

Geschiktste steun: bed of grond
Aanbevolen duur: kort tot middellang
Eventuele attributen: vibrerende ring
(stelt de ejaculatie uit en stimuleert de clitoris)
Intensieve positie: nee
Diepe penetratie: nee
Stimulatie g-spot: ja (afhankelijk van de hoek)
Stimulatie clitoris: ja (basis van de penis en schaamheuvel)
Eikel omvat: ja
Schacht omvat: nee

Jullie score: zij ☆ ☆ ☆ ☆ ☆ hij ☆ ☆ ☆ ☆ ☆

De Lange Haren

Deze rustpositie is vermoedelijk de geschiktste om een stoeipartij die je als afgerond beschouwde te hervatten.

Eindeloos lang of kortgeknipt, mannen zijn verrukt over elk vrouwelijk kapsel; een even uitdagende als opwindende smeekbede.
Hoewel hij geplet ligt onder haar gewicht, kan de man door opgaande bewegingen van zijn bekken het vuur opnieuw laten oplaaien. De penetratie is niet diep en kan op elk moment onderbroken worden. Dat gevaar veroorzaakt trouwens een heerlijk gevoel van dringendheid, dat nog vergroot wordt door het genot van een gestimuleerde g-spot.
Voeg daarbij een vulva die bereikbaar is voor gretige handen en je begrijpt dat deze positie ten onrechte wordt beschouwd als loom en juist perfect is om een ingedutte vrijpartij nieuw leven en pit in te blazen.

Plezier voor één Terwijl ze languit op het lichaam van haar man ligt, voelt de vrouw de geringste reactie van hem. Doordat haar dijen gespreid zijn en haar vulva ontbloot is, kan ze een hand van haar partner grijpen en hem als kers op de taart laten helpen bij het masturberen van haar clitoris.

Categorie: dessert
Stimulatie bij haar: ★★★☆☆
Stimulatie bij hem: ★★☆☆☆
Intensiteit: ★★☆☆☆
Comfort: ★★★☆☆

Erogene zones bereikbaar voor haar:
Bij hem: dijen
Bij haarzelf: haren, mond, gezicht, borsten, buik, schaamheuvel, clitoris
Erogene zones bereikbaar voor hem:
Bij haar: haren, gezicht, mond, borsten, buik, billen, dijen, schaamheuvel, clitoris
Bij hemzelf: haren, gezicht, mond

Geschiktste ondergrond: bed of grond
Aanbevolen duur: kort tot middellang
Eventuele attributen: kleine vibrator voor de clitoris
Intensieve positie: nee
Diepe penetratie: nee
Stimulatie g-spot: ja
Stimulatie clitoris: nee (tenzij met de hand of een vibrator)
Eikel omvat: ja
Schacht omvat: nee

Jullie score: zij ☆ ☆ ☆ ☆ ☆ hij ☆ ☆ ☆ ☆ ☆

De Chauffeur

Een comfortabele positie die de vrouw toch autonomie en macht verleent, omdat ze zelf naar intens genot kan rollen.

Bij de Rustende (blz. 138) heeft deze positie de aangename luiheid die op een natuurlijke manier lijkt voort te vloeien uit de voorafgaande vrijpartij. Als de vrouw eenvoudigweg haar partner de rug toekeert, creëert dat grote verschillen.

De penetratie is minder diep en concentreert zich meer op de voorkant van haar vagina, dat wil zeggen: de g-spot. Als ze op haar voeten steunt, hoeft ze alleen maar haar benen te strekken om haar billen los te maken van zijn dijen en zo de hoek en diepte van de penetratie te variëren.

Ze is nu meesteres over haar eigen genot en kan haar dijen lichtjes spreiden en naar hartenlust haar clitoris stimuleren. Haar geliefde is de chauffeur die haar naar het orgasme voert. Iedereen instappen!

Plezier voor één Terwijl ze zo tegen hem aangedrukt zit, lijkt het lichaam van de vrouw voor hem een muziekinstrument dat je van achteren vasthoudt en waar je vooraan op speelt. Zoals bij een contrabas of een cello kan hij elk van haar gevoelige zones liefkozen of knijpen als bij snaren (mond, nek, tepels, clitoris) en zo verschillende geluiden aan haar ontlokken.

Categorie: dessert
Stimulatie bij haar: ★★★☆☆
Stimulatie bij hem: ★★★☆☆
Intensiteit: ★★★☆☆
Comfort: ★★★★☆

Erogene zones bereikbaar voor haar:
Bij hem: dijen
Bij haarzelf: haren, mond, gezicht, borsten, buik, schaamheuvel, clitoris
Erogene zones bereikbaar voor hem:
Bij haar: billen, dijen, rug, schouders, hals, haren, gezicht, mond
Bij hemzelf: haren, gezicht, mond, borstkas, buik

Geschiktste ondergrond: stoel, rand van het bed of krukje
Aanbevolen duur: middellang tot lang
Eventuele attributen: kleine vibrator voor de clitoris
Intensieve positie: nee
Diepe penetratie: ja
Stimulatie g-spot: ja (afhankelijk van de hoek)
Stimulatie clitoris: nee (tenzij met de hand of een vibrator)
Eikel omvat: ja
Schacht omvat: ja

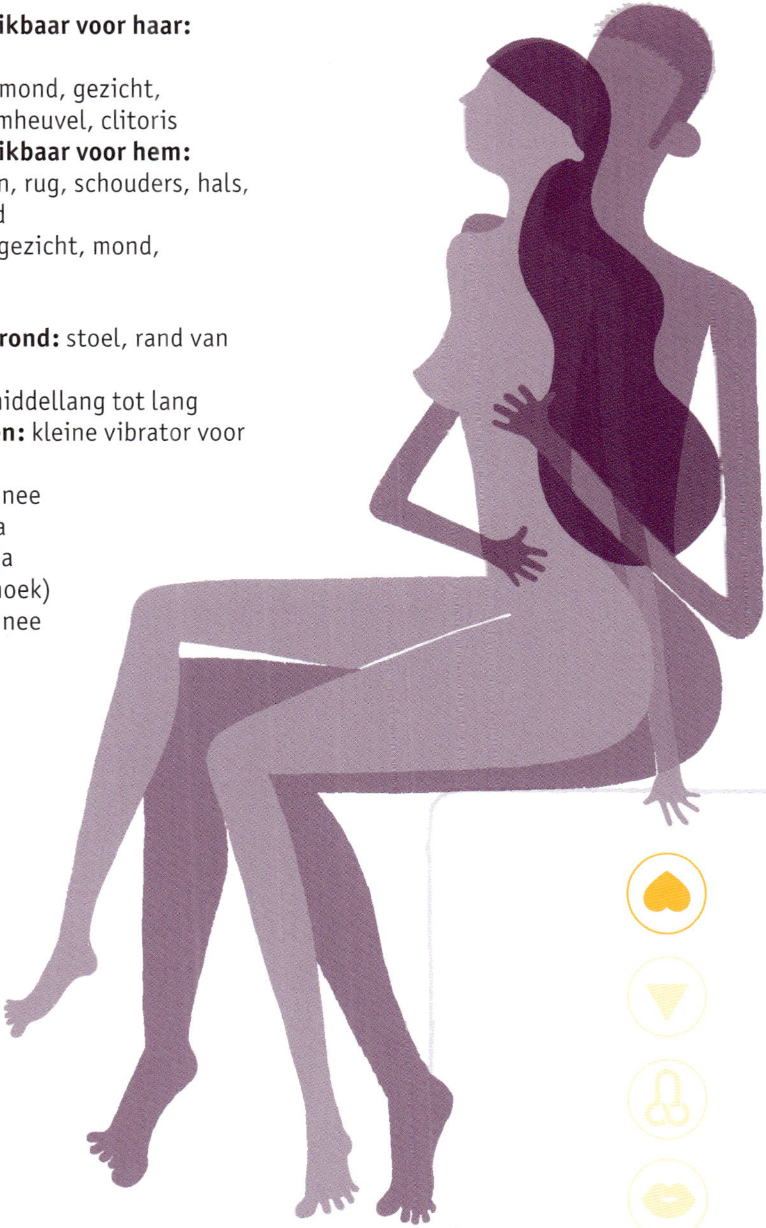

Jullie score: zij ☆ ☆ ☆ ☆ ☆ hij ☆ ☆ ☆ ☆ ☆

De Luiaard

Tussen dralen en jagen dwingt de Luiaard de man in de rol van seksspeeltje. Orgastisch en opwindend.

Deze variant op de Chauffeur (blz. 144) kun je het best uitvoeren op de rand van het bed, zodat de man op zijn rug kan gaan liggen. Op die manier rest hem nog weinig bewegingsvrijheid, waardoor het zijn partner is die de positie interessant moet maken. De penetratie is vrij diep. Afhankelijk van haar wensen kan ze haar benen strekken om de penetratie minder diep te maken of haar bekken van voren naar achteren kantelen om de richting ervan te wijzigen.
Worden haar verwachtingen niet ingelost, dan kan ze zich op haar volledig blootliggende vulva concentreren.

Plezier voor één In deze houding ligt het scrotum van de man letterlijk binnen handbereik van zijn partner. Om haar geliefde ook aandacht te schenken, kan ze de o zo gevoelige balzak zachtjes vastpakken en hem gedurende enkele seconden langzaam met cirkelvormige bewegingen strelen.

Categorie: dessert
Stimulatie bij haar: ★★★☆☆
Stimulatie bij hem: ★★★☆☆
Intensiteit: ★★★☆☆
Comfort: ★★★★☆

Erogene zones bereikbaar voor haar:
Bij hem: dijen, scrotum, anus
Bij haarzelf: haren, mond, gezicht, borsten, buik, schaamheuvel, clitoris
Erogene zones bereikbaar voor hem:
Bij haar: heupen, billen, dijen
Bij hemzelf: haren, gezicht, mond, borstkas, schaamheuvel

Geschiktste ondergrond: bed
Aanbevolen duur: middellang tot lang
Eventuele attributen: kleine vibrator voor de clitoris
Intensieve positie: nee
Diepe penetratie: ja
Stimulatie g-spot: nee
Stimulatie clitoris: nee
(tenzij met de hand of een vibrator)
Eikel omvat: ja
Schacht omvat: ja

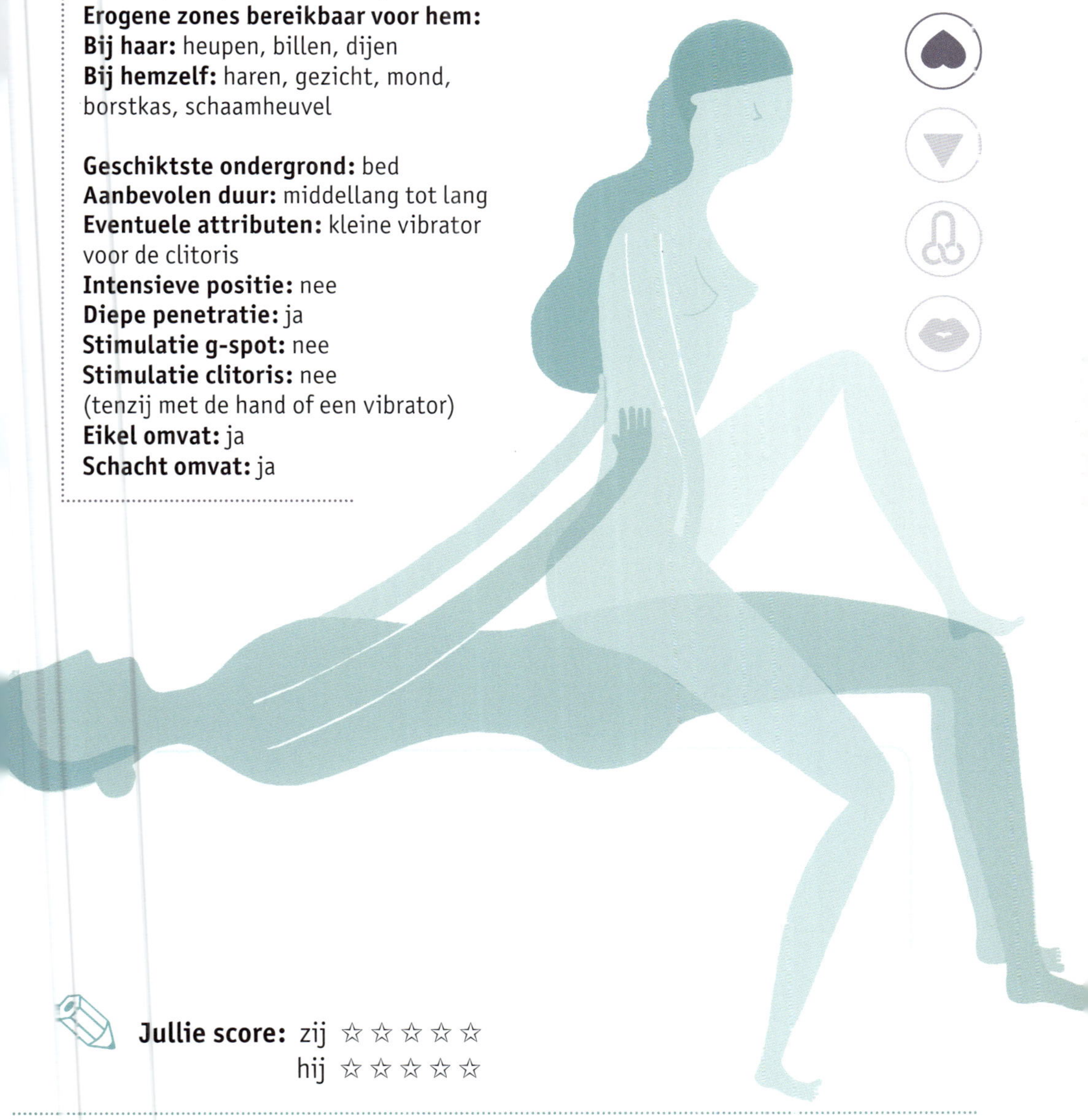

Jullie score: zij ☆☆☆☆☆
hij ☆☆☆☆☆

De Slapende

Bij de Slapende lijkt het alsof de vrouw zich overlevert zonder weerstand te bieden, maar het is wel degelijk de man die zich ongeremd overgeeft in deze intieme positie.

De vrouw ligt languit op bed en zou ook kunnen slapen, met dat verschil dat het gewicht van haar partner op haar lichaam rust en ze 'bezocht' wordt door een onverwachte prins.
De penetratie is niet vanzelfsprekend en ook niet erg diep. Het cadeau dat de partner haar schenkt bestaat niet zozeer uit sterke sensaties, maar wel uit de overgave die deze positie vereist. Er zijn namelijk weinig posities waarin de man zich zo intiem openstelt voor zijn geliefde. Het mannelijke achterste, een gebied waarop heel veel taboes rusten, is hier schaamteloos overgeleverd aan de blik en de liefkozingen van de vrouw.

Plezier voor twee Terwijl ze moeiteloos bij zijn anus kan, hoeft zij alleen maar haar dijen te spreiden om hem hetzelfde te gunnen. Zo kan een heuse dialoog ontstaan, waarbij elke partner op zijn beurt de liefkozing die hij net ontving kan beantwoorden.

Categorie: dessert
Stimulatie bij haar: ★☆☆☆☆
Stimulatie bij hem: ★☆☆☆☆
Intensiteit: ★★☆☆☆
Comfort: ★★★☆☆

Erogene zones bereikbaar voor haar:
Bij hem: dijen, heupen, billen, anus
Bij haarzelf: haren, mond, gezicht, borsten, buik, schaamheuvel
Erogene zones bereikbaar voor hem:
Bij haar: voeten, dijen
Bij hemzelf: haren, gezicht, mond, borstkas

Geschiktste ondergrond: bed
Aanbevolen duur: lang
Eventuele attributen: anaal speelgoed zoals anaalparels of -plug
Intensieve positie: nee
Diepe penetratie: nee
Stimulatie g-spot: nee
Stimulatie clitoris: nee
Eikel omvat: ja
Schacht omvat: nee

Jullie score: zij ☆ ☆ ☆ ☆ ☆ hij ☆ ☆ ☆ ☆ ☆

De Duin

Deze positie is bijna volledig gericht op het visuele genot van de man.

Neem de Slapende (blz. 148), draai de rollen om en je hebt de Duin. Het achterste van de vrouw doet denken aan een heuvel van warm en o zo verleidelijk zand. Geen enkele man zal de verleiding kunnen weerstaan om haar billen te kneden of er met zijn handen over te dwalen. We vermeldden eerder al dat er voor een man niets zo opwindend is als zijn geslachtsorgaan in dat van zijn partner zien glijden. En ja, bij deze positie komt hij optimaal aan zijn trekken! De penetratie verloopt in dit geval tegen de natuurlijke richting van de erectie in, wat haar niet echt gemakkelijk noch heel opwindend maakt. Bij sommige mannen voelt het na een tijd mogelijk wat onaangenaam aan. Maar hoe kan hij een positie weerstaan die zo'n feest voor de zintuigen is? Hij geniet immers niet alleen van het uitzicht, maar ook van de geur die het geopende geslachtsorgaan van zijn geliefde verspreidt…

Plezier voor één Waarom bij dit feest niet nóg een zintuig betrekken? De vulva van je partner, die open en bereikbaar is, loopt intussen vermoedelijk over van het vaginale vocht. Vang er met je vinger enkele druppels van op en proef eens. Heerlijk, toch?

Categorie: dessert
Stimulatie bij haar: ★★☆☆☆
Stimulatie bij hem: ★★☆☆☆
Intensiteit: ★★☆☆☆
Comfort: ★★★★☆

Erogene zones bereikbaar voor haar:
Bij hem: voeten, dijen
Bij haarzelf: haren, mond, gezicht, borsten
Erogene zones bereikbaar voor hem:
Bij haar: heupen, dijen, billen, anus, clitoris
Bij hemzelf: haren, gezicht, mond, borstkas, buik, schaamheuvel

Geschiktste ondergrond: bed
Aanbevolen duur: lang, als hij dat volhoudt
Eventuele attributen: anaal speelgoed zoals anaalparels of -plug
Intensieve positie: nee
Diepe penetratie: nee
Stimulatie g-spot: nee
Stimulatie clitoris: nee (tenzij met de hand)
Eikel omvat: ja
Schacht omvat: nee

Jullie score: zij ☆ ☆ ☆ ☆ ☆ hij ☆ ☆ ☆ ☆ ☆

De Lepels

Wat passen ze goed in elkaar, zo lief en teder.

Niet voor niets is deze ontspannen en bijzonder rustgevende houding een aanrader voor zwangere vrouwen die nog graag vrijen. Terwijl ze op haar zij ligt, hoeft ze niet bang te zijn voor extra druk of een stoot tegen haar dikke buik, die ze met beide handen kan ondersteunen.
Haar partner vlijt zich tegen haar aan en kan haar slechts ondiep penetreren. Door zijn bekken lager of hoger te brengen, kan hij de hoek van de penetratie variëren en zo haar g-spot stimuleren.
Hij heeft beide handen vrij om het bovenlichaam van zijn geliefde te strelen en kan lieve woordjes in haar oor fluisteren.
Een tedere eindpositie die beide geliefden vast en zeker genot bezorgt.

Plezier voor twee In deze positie liggen de benen van de geliefden dicht bij elkaar. De voeten, die vaak verwaarloosd worden als erogene zone, kunnen elkaar langzaam of intenser strelen naargelang het genot toeneemt. Wie niet tegen kietelen kan, kan hier beter niet aan beginnen!

Categorie: dessert
Stimulatie bij haar: ★★☆☆☆
Stimulatie bij hem: ★★☆☆☆
Intensiteit: ★★☆☆☆
Comfort: ★★★★★

Erogene zones bereikbaar voor haar:
Bij hem: handen, billen, dijen
Bij haarzelf: haren, mond, gezicht, borsten, dijen, buik, schaamheuvel, clitoris
Erogene zones bereikbaar voor hem:
Bij haar: haren, gezicht, mond, hals, schouders, rug, borsten, buik, schaamheuvel, dijen, clitoris
Bij hemzelf: haren, gezicht, mond, borstkas, dijen

Geschiktste ondergrond: bed
Aanbevolen duur: lang
Eventuele attributen: geen
Intensieve positie: nee
Diepe penetratie: nee
Stimulatie g-spot: ja (afhankelijk van de hoek)
Stimulatie clitoris: nee (tenzij met de hand)
Eikel omvat: ja
Schacht omvat: nee

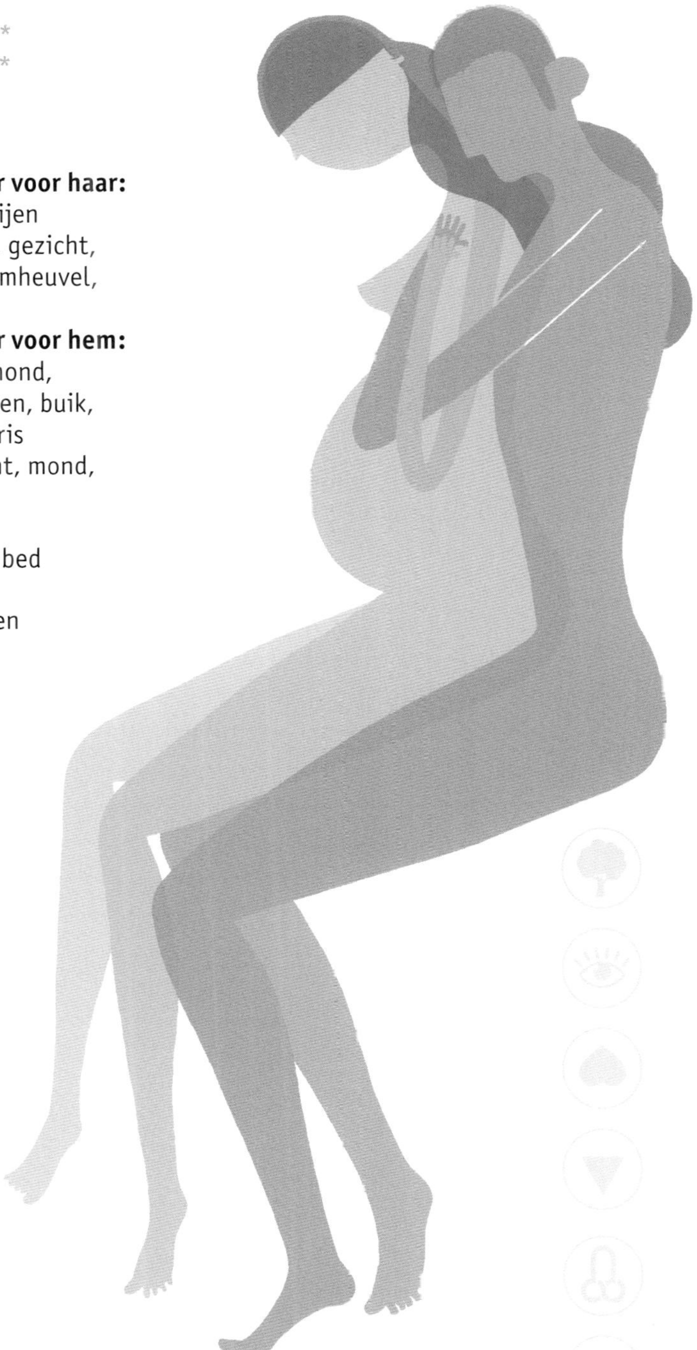

Jullie score: zij ☆ ☆ ☆ ☆ ☆
hij ☆ ☆ ☆ ☆ ☆

Het Doosje

We naderen het einde. Maar voordat we het lichaam van onze geliefde verlaten, proberen we nog deze houding, waarmee jullie blijvend je stempel op elkaars lichaam zullen drukken...

Het Doosje is een typische houding om een vrijpartij te beëindigen, wanneer de door extase uitgeputte lichamen elkaar alleen nog maar teder willen erkennen.

Voordat jullie dommelen is het niet verboden dat jullie elkaar nog een pleziertje gunnen. Een ondiepe penetratie ontziet de enigszins gehavende geslachtsorganen. Beweeg niet, voel jullie organen trillen. Laat je partner merken dat je nog aanwezig bent door kort je perineum samen te trekken, waardoor je lid of vagina zich samenspant. In deze houding zijn jullie gezichten dicht bij elkaar, waardoor het mogelijk is elkaar te kussen of ingetogen aan te kijken. Blikken die het genot dat jullie elkaar hebben geschonken in jullie geheugen zullen griffen. En zin geven in meer, heel binnenkort...

Extraatje

Man of vrouw, geloof je partner niet wanneer hij of zij op dit moment protesteert tegen de dankwoordjes die je fluistert: 'Dat is toch belachelijk, je hoeft me niet te bedanken!' Nee, dat hoef je niet, maar je hebt er zoveel zin in. En stiekem is je partner er heel blij mee dat je het deed! Kijk maar eens naar die glimlach op zijn of haar lippen!

Categorie: **dessert**
Stimulatie bij haar: ★☆☆☆☆
Stimulatie bij hem: ★☆☆☆☆
Intensiteit: ★★☆☆☆
Comfort: ★★★★★

Erogene zones bereikbaar voor haar:
Bij hem: haren, gezicht, mond, hals, schouders, rug, borstkas, billen, dijen
Bij haarzelf: haren, mond, gezicht, borsten, dijen
Erogene zones bereikbaar voor hem:
Bij haar: haren, gezicht, mond, hals, schouders, rug, borsten, billen, dijen
Bij hemzelf: haren, gezicht, mond, borstkas, dijen

Geschiktste ondergrond: bed
Aanbevolen duur: lang
Eventuele attributen: geen
Intensieve positie: nee
Diepe penetratie: nee
Stimulatie g-spot: ja
(afhankelijk van de hoek)
Stimulatie clitoris: ja
(basis van de penis en schaamheuvel)
Eikel omvat: ja
Schacht omvat: nee

Jullie score: zij ☆ ☆ ☆ ☆ ☆
hij ☆ ☆ ☆ ☆ ☆

VI. Snelkeuzes

voor iedereen en alle omstandigheden

Intense sensaties

Stimulatie g-spot

Acrobatische standjes

Tederheid & samensmelting

Comfort & ontspanning

In de buitenlucht

Mannelijke dominantie

Vrouwelijke dominantie

Alle posities

Original title: *Kama Sutra à la carte*

Boulevard Raspail 29
75007 Paris, France
Design: Elisabeth Chardin
Illustrations: Miré

Deze uitgave door: Deltas, België-Nederland.
Nederlandse vertaling: Sabine Van Humbeeck

D-MMXVIII-0001- 6
NUR 865